青春文学精品

U0600106

幸福是
畅游理想的海洋

《语文报》编写组　选编

时代文艺出版社

图书在版编目（CIP）数据

幸福是畅游理想的海洋 / 《语文报》编写组选编.
-- 长春：时代文艺出版社, 2022.3
（青春文学精品集萃丛书. 幸福系列）
ISBN 978-7-5387-6980-7

Ⅰ.①幸… Ⅱ.①语… Ⅲ.①作文－中小学－选集
Ⅳ.①H194.5

中国版本图书馆CIP数据核字(2022)第028943号

幸福是畅游理想的海洋

XINGFU SHI CHANGYOU LIXIANG DE HAIYANG

《语文报》编写组　选编

出 品 人：陈　琛
责任编辑：邢　雪
装帧设计：任　奕
排版制作：隋淑凤

出版发行：时代文艺出版社
地　　址：长春市福祉大路5788号　龙腾国际大厦A座15层　（130118）
电　　话：0431-81629751（总编办）　　0431-81629755（发行部）
官方微博：weibo.com/tlapress
开　　本：650mm×910mm　1/16
字　　数：135千字
印　　张：11
印　　刷：永清县晔盛亚胶印有限公司
版　　次：2022年3月第1版
印　　次：2022年3月第1次印刷
定　　价：38.00元

编 委 会

主　　编：刘应伦

编　　委：刘应伦　赵　静　李音霞

　　　　　郭　斐　刘瑞霞　王素红

　　　　　金星闪　周　起　华晓隽

　　　　　何发祥　朱晓东　陈　颖

　　　　　段岩霞　刘学强

本 册 主 编：刘改改　崔　艳

本册副主编：郭文娟

Contents
目 录

童年的歌谣

幸福是畅游理想的海洋

我想握住你的手

无 声 的 爱

蒲公英的梦想

目录

幸福的滋味

童年的歌谣

童 年 趣 事

韦秀林

　　"池塘边的榕树上，知了在声声叫着夏天。操场边的秋千上，只有蝴蝶停在上面。黑板上老师的粉笔，还在拼命叽叽喳喳写个不停。等待着下课，等待着放学，等待游戏的童年……"每当哼起这首歌，我就不由得想起童年时的事。

　　我记得外婆家的后院有几棵桃树，只要春天一到，那儿的桃花就会开得粉艳艳的，娇嫩欲滴。

　　那天，春风和煦，我慵懒地倚靠在桃花树下，呆呆地望着天空。几片桃花被风吹落，调皮地打着旋儿，从我眼前飘落。"好漂亮的花瓣！"我被它的美吸引，一下子跳起来，抬头，一大片一大片的桃花缀满枝头。我抱住树干使劲摇晃，花瓣纷纷扬扬地落下来，像灵动翻飞的蝴蝶，真是美极了！我在树下快乐地张开双臂，轻盈地转着圈，就像个桃花仙子，正享受着阳光、春风，还有浪漫的桃花雨。不知过了多久，我玩累了，又继续坐到树下，收集桃花。我去荷塘摘了一大片荷叶，铺在树下，开始趴在地上寻找没被我踩碎的花瓣。然而，大多都已残缺不全了。我望着一地被我踩躏的桃花"残骸"，再望着树上寥寥无几的花，突然觉得很对不起它们，我踩碎了它们那么多的同伴，它们一定很生气吧，说不定还会惩罚我！我越想越害怕，竟大哭起来。外婆闻声赶来，我像是找到救兵般，一下子扑到她怀里，把哭的原因悉数道出。我一说完，外婆便哈哈大笑，笑得腰都弯了。半晌，才捏着我的脸嗔怪道："你这丫头，看你以后还这么调皮。快去把花瓣扫到树下，它们就不会怪你了。"我信以为真，忙不迭地拿来扫把仔细扫起来。外婆在一边看着，又笑了。

这件趣事我现在仍记忆犹新，不禁感慨：儿时的记忆充满了太多太多的欢声笑语，可如今，却只能循着这条记忆的路，慢慢回味了……

我 的 童 年

卞文琪

　　童年，如快乐的港湾，如自由飞翔的小鸟，如天真纯洁的白云。童年是快乐的，也是自由的。在我记忆中，我的童年，有哭有笑，其乐无穷。

　　记得有一次，我和几个小伙伴丢沙包。当我出局之后再一次上场时，还没有准备好，沙包"啪"的一声砸在了我的脸上，也不知道里面装的是什么东西，疼得我直哭。我哭着跑回家里，爸爸妈妈还有爷爷都没在家，只有奶奶在厨房里做饭。奶奶见我哭着回家，急忙说："谁欺负你了？"我抽泣道："是一个沙包。"奶奶安慰我说："没事没事，奶奶给你吹吹，不哭了！"然后，奶奶从厨房里给我拿出一个炸鸡翅，我吃着香喷喷的炸鸡翅，马上就破涕为笑了。

　　在村西边，有一个水湾，里面长满了碧绿的荷叶，夹杂着几朵淡粉色的荷花.站在水湾的边上，荷叶散发出阵阵清香。

　　记得有一次，我和姐姐到水湾边上摘荷叶回家时，半路突然杀出一条绿花蛇，吓得我们急忙跑回原地。过了一会儿，我们再跑过去时，蛇已经不见了。我们还是害怕，但是又急于回家，便头也不回地跑回村里。自那以后，我再也不敢独自一个人去水湾那里了。

　　童年，就在这快乐的时光中走了。我也在慢慢长大，多了烦恼，少了快乐，离开了童年的快乐，离开了童年的自由。

纸 飞 机

向闽星

　　每个人都有属于自己的童年，每个人的童年也都是多姿多彩的。但我们的童年在通常情况下会被记忆尘封，只有拿对了钥匙，才会回忆起那多姿多彩、无忧无虑的童年。

　　一天下午，我去外婆家，几乎没有什么好玩的，我正无聊地坐在椅子上时，堂妹回来了。人还没有出现，一架纸飞机已经晃悠悠地飞进来，似乎它本身已经受损严重，在天空中斜斜飞了几圈，便迫不及待地完成了它的迫降。

　　这让我回忆起了那段最难忘的童年时光。看！那是某同学制作的"盘龙号"，它像一个优美的舞者，时而上升，时而下降，时而盘旋，时而直飞，以最优美的降落赢得了同学们一阵惊叹与羡慕。大家纷纷找那位同学讨要"盘龙号"的制作方法。瞧！那是"乌鸦号"，它在飞行距离比赛中成功夺魁。不得不说，它飞行的距离真的是无"机"能及呢。看着"盘龙号"和"乌鸦号"各自成功，我也着急地"研制"出了自己的专属纸飞机——"梦想号"。或许它直飞能力不及"乌鸦号"，或许盘旋能力不如"盘龙号"，但它的滑翔能力却绝对是所有纸飞机中首屈一指的。果然，"梦想号"在滑翔和持久能力方面双双夺魁。我自豪地告诉伙伴们，如果不是制作急了点儿，它还能更厉害呢。

看着眼前的纸飞机，我突然想重温一下童年的旧时光，便叫上堂妹二人跟姐姐弄了一个纸飞机比赛，要求每个人都制作出属于自己的纸飞机，然后一起比赛。"好了，开始吧。"最小的堂妹说道。她的纸飞机最灵巧，叫"新生号"。大点儿堂妹的纸飞机是"探索号"，姐姐的纸飞机是"轮回号"。开始的口令响起，四架纸飞机破空而出。其中的"梦想号"载着我的童年与梦想，驶向远方……

再见，我的童年

宋 洁

时间轻轻拍着我的肩膀，拉着我启程，回首凝望，我向童年挥手告别：再见，童年。

还记得小的时候，楼下总有一大群和我年龄相仿的小伙伴。我们每天下午都会不约而同地聚到一起玩耍。那时候，玩什么都行，怎么玩都可以：跳皮筋、捉迷藏、吹泡泡、过家家……

记得刚进入一年级时的一个星期天，我和同班同学一起比赛吹泡泡。我们每个人手中都拿着一个小瓶子，瓶子里插着吸管，我们对着沙发，将泡泡吹到上面。我们鼓足腮帮，努力地吹着。一个个泡泡在管子上探头探脑，随后呼地一下从管子里蹿了出来。看着这个乒乓球般大小的泡泡，我更加得意了，越发小心翼翼地吹着。泡泡越来越大，我把管子轻轻一甩，泡泡就摇摇晃晃地飞上了沙发，停留了一会儿便碎了，但我还是那么开心。这回轮到那个同学不服气了，他开始使劲地吹着泡泡，当然，我也不甘示弱。于是，一场"泡泡大战"便打响了。霎时间，五颜六色的泡泡在家里纷纷扬扬飞舞，把我们围住了。美丽的泡泡落在我们的手上、衣服上，我们眼前是一个绚丽多彩的泡泡世界。

令我记忆犹新的游戏还有和伙伴们一起玩过家家。你是爸爸，我是妈妈，她是孩子，他是老师……大家总是会全心全意地投入角色，想起那时的天真可爱，我觉得格外有趣。

不知从什么时候开始，当走过矮矮的田坎，我不再想翻上去；看着天空中飞来飞去的蝴蝶，我不再萌生"把它逮住"的念头；每次出去做客的时候，我也总会规规矩矩地坐着，不再乱跑乱跳……看着年幼的弟弟在一旁玩耍，我不禁一愣——我长大了！

童年已经离我而去，我却只能对着它远去的背影怜惜。再见了，我的童年。

童年的竹林

程诗嘉

童年像一串串琥珀色的手链，总是散发着金光。在我记忆深处，最难忘的当然是童年了。

家乡的后山上有一片寂静安详的竹林，站在林中仰望天空，天空像一颗幽蓝的蓝宝石，青黑色的竹子包裹起整片蓝天，阳光直射下来，温暖宁静。

一天，外祖父带我去后山的竹林。竹林里还是有些寒冷，外祖父便把外套脱下来让我披上，然后我们一起走进后山的竹林。

竹林里，新鲜的阳光铺在地面上，让人随时能闻到阳光的气味，外祖父便带我来晒太阳。可我哪里闲得住啊，安静不到几分钟，便要爬到枝干上摇啊摇的。外祖父喜欢清闲，可我就偏不让他清闲，一会儿跑到草丛里满地打滚儿，弄得一身泥土，要是见了蚂蚁啊、蝴蝶啊之类的小虫，便折了枝条拿去追赶。

玩累了，我就靠在竹子上，吵着嚷着要外祖父给我讲故事。祖父没法了，只好任由着我的性子来。外祖父的故事可多呢！我渴了，外祖父就带我摘果子，只是春天的果儿不甜，一股酸劲儿直往肚子里冲，我就抱着肚子"哎哟"地叫着，外祖父看着我也只是笑。

　　玩够了，外祖父背起我，向山下走去。每当这个时候，我总是很快就靠在他宽阔温暖的背上睡着了。

　　童年是那么天真。许多年过去了，我回过头来再想这些往事，总会忍不住内心的眷恋。而童年，就在那里，盼望着你的长大，微笑着停留在那里。

难忘童年的生活

程希冉

我们的童年正在一分一秒地流逝。转眼间，我们已经长大成人了。我们总会惊叹时间过得可真快，人生最难忘的时光，也莫过于童年了。

我的童年大部分都是在乡村度过的。当奶奶正在田地里忙着种菜的时候，我常常偷偷拿几块已经干枯了很久的土块，然后再把它们抛进河里，耳边响起了"扑通扑通"的声响，河里也漾起了一圈圈波纹。那时候只觉得好玩，听说这样做可以使小鱼们浮到水面上来。

还有一件事，虽然很平常，但让我至今难忘。

一天晚上，我躺在床上，奶奶给我讲神话传说。她讲得十分有趣，不经意间还会做起一些搞怪有趣的动作来。女娲是怎样补天造人的，盘古是怎样开天辟地的，夸父追日的过程又是怎样的，这些被她讲得活灵活现。我在一旁也听得津津有味，没有半点儿睡意。

这样的日子大概过了半年之久。突然有一天我听奶奶说："你们的户口已经迁到城里面去了，从今以后你就要搬到城里去上学了。"说完，便把我的衣服从衣柜里拿出，然后装到了箱子里。之后，我搬到了城里，告别了我长期生活的乡村，告别了陪伴了那么长时间的奶奶。

　　如今，奶奶已经白发苍苍，我也很少回到乡村了。童年的那段生活，是我最难忘的时光，我会永远把它铭记在心。

难 忘 童 年

陈思娜

　　童年，是一幅画，画上是色彩斑斓的美景；童年，是一本永远也翻不完的书，书里有很多有趣的、快乐的、伤心的、难过的故事；童年，是一首美妙的乐曲，让我如醉如痴……童年的记忆总令我无限回味，因为有我忘不掉的人。

　　我两岁时，父母因工作而没有时间照顾我。于是，我来到了我的外婆家。还记得我坐在车上时，窗外的风景是那么美丽，田里的水稻绿油油的，正舒展着自己的身躯，享受着初夏充满温情的阳光。白色的稻草人看守着这一片稻田，它虽不会动，却风雨无阻地守着人们劳作的果实，就好像是母亲寸步不离地看护自己的孩子一样。那时候，我并不知道奶奶和外婆的区别，整天地叫着"奶奶"。旁人听见了，笑问我为什么不喊外婆，我神气地回道："因为她是我奶奶，才不是外婆呢！"我一直不晓得除奶奶外，还有什么外婆？

　　在田里，我戴着外婆的碎花遮阳帽坐在田边，望着外婆干活。灰白的麻花辫与外婆一起晃动，那是岁月的痕迹，见证了外婆这些年的辛苦。如今想来，我竟觉得那么难过。别看外婆不到一米六的身高，却撑起了这片生机盎然的沃土，在我看来她如此伟大。

我开始在田地奔跑、跳跃，到田地深处寻找一种不知名的小鸟。外婆却格外着急，向我喊道："孩子，别走远了，不然我该找不到你了，田里有毒虫，小心被咬着。"不知怎的，田野的上空飞来许多蜻蜓，在田里舞动翅膀，可有趣了！透明的翅膀，青绿色的身躯在夕阳下，闪着绿色的光，多美啊！外婆在空中挥了几下，那些绿色的小精灵便停留在她粗糙的手掌上，深深的纹路将她的手刻得如此生动。我不记得那时候我在干什么！只记得我当时十分欣喜，捧着蜻蜓在田里跑着，天边染上了几分晚霞的红色，显得动人极了！只是我忽略了一双望着我、与我一起开心的眼睛！

我还记得在那段日子里，外婆有时特别唠叨，我就装作没听见，自顾自地跑出去玩。现在回想，我真的好想再听听外婆的唠叨。如果现在有人问我她是谁，我还要说："我的奶奶。"因为她是爱我的，我看见每个孩子的奶奶或是外婆总是爱他们的。

难忘童年的那段日子，它让我感受到了亲情的温暖，而"奶奶"则是我童年里最珍贵的回忆。

吹 泡 泡

李 明

今天，我们班的同学拿来了泡泡水，准备吹泡泡玩。

伙伴们吹泡泡的工具各不相同。有两个伙伴用肥皂和小瓶子自己做了泡泡水。我的是自己用洗洁精做的，我往小瓶子里倒了些洗洁精，又放了些水，我还特意拿了一根吸管。小羽买了泡泡枪，枪口上有很多小洞，我估计都是用来出泡泡的。小君买了现成的泡泡水。

吹泡泡活动开始了，老师让我们轮流到讲台上吹给大家看。我先吹，我拿着细细的吸管，蘸了蘸瓶子里的水，放到嘴边轻轻一吹，两个小小的泡泡一先一后出来了。同学们在下面高兴地笑着，叫着："吹个大的！"我拿吸管用力地戳一下瓶子里的泡泡水，拿出来使劲一吹。"好大的泡泡！""这个真大！"同学们在欢呼。我看着自己吹出来的这个大泡泡，开心地笑了。可惜它很快就破了。

第二个上来吹泡泡的是小君。他拧开瓶盖，用泡泡棒在瓶里搅了一下水，拿出来放到嘴边一吹。不得了啦，好多泡泡接连不断地跑出来了，伙伴们都给他鼓掌。我仔细一看，泡泡是薄薄的，有大有小，五颜六色，真是漂亮极了！伙伴们大叫起来。我伸手想去接住泡泡，可它一下子就破了，只感到手上有一丝丝的凉快。

小羽上去吹泡泡了，她先吹出一个大的泡泡，我看着它往上飘着飘着，不知为什么一下子又破了。小羽再蘸泡泡水用力一吹，一大串的泡泡飞快地跑出来了，有的两个抱在一起，像是两个好兄弟；有的三个抱在一起，好像好久不见的好朋友。

吹泡泡真是好玩极了！

童年的歌谣

朱　晴

　　"早上空气真叫好，我们都来做早操。伸伸臂，弯弯腰，踢踢腿，蹦蹦跳，天天锻炼身体好……"在奶奶的歌谣中，我伸了伸懒腰，揉揉惺忪的睡眼，开启了一天的生活。

　　记得小时候，我特别贪睡，早上总不肯起床，而且一赖就好几个小时。为此，我在幼儿园里被封了一个绰号叫"迟到大王"。爸爸妈妈试了许多方法叫我起床，比如在我熟睡时将被子掀掉；或是在我床头放一个响声特别大的闹钟；甚至在我房间里大声讲话，企图吵醒我，但这些均不奏效。最后，还是奶奶想出了办法：在叫我起床时唱一首歌谣。

　　没想到这一招还真灵。听到歌谣，我一下就爬了起来，坐在床沿上，津津有味地听奶奶唱歌。当听到《小老鼠上灯台》时，我会情不自禁地哈哈大笑；当听到《老虎和灰兔》时，我又不禁暗自钦佩灰兔的机智；而当听到《毛毛和涛涛》时，我又意识到了团结协作的重要性。有了奶奶的歌谣，我再也没有迟到过，还养成了早睡早起的好习惯。

　　小小的歌谣里承载着奶奶太多的爱。

闭上双眼，我仿佛又看见奶奶戴着老花镜，吃力地在昏黄的灯光下，一字一句地读着、记着歌谣的场景。这时，我又记起了那难忘的童年歌谣："早上空气真叫好，我们都来做早操。伸伸臂，弯弯腰……"

小小烘焙师

朱晓宇

每个人一生中会有很多第一次，第一次的记忆是怎么也挥之不去的。它们就像一个个小钉子，钉在我们的心里，钉在人生成长的道路上。我最难忘的第一次就是做面包的经历。

我的爸爸是一名普通的教师，但是他做得一手好面包。他虽然没有接受过专业的烘焙培训，但是我们家有一员"大将"——面包机，只要有原材料，交给它加工就行了。我是吃着爸爸做的面包长大的，所以对家里的"自制面包"情有独钟，我也想学做面包。

一天晚上，爸爸在厨房里准备明天的早点，我悄悄走了过去。"爸爸！"我脸上堆满了笑容，笑嘻嘻地对爸爸说，"你教我做面包吧？""好啊！"爸爸爽快地答应了。"太好了！"我兴奋地跳了起来。爸爸一边准备食材，一边指挥我拿这拿那，说完用量，便让我自己倒。我也麻利地把食材量好，放进面包机里，按下了"开始"键。我一想到香喷喷、金灿灿、软绵绵的面包，又想到这可是我自己做的，开心极了。

第二天，我起了个大早，赶紧调动嗅觉，一溜烟跑进厨房，

"哇！好香，好香。一定是面包烤好了！"我一脸期待地打开面包机的盖子，可是，面包怎么"塌"下去了？我的好心情也直线下降，垂头丧气地去找爸爸。向爸爸说明事情后，他看了看面包，说是因为发酵粉放少了，所以才会这样的。我恍然大悟，决定吃掉这个"失败品"后，一定要做一个成功的面包，谁让我自称是一个"蒸不烂，煮不熟，锤不扁，炒不爆，响当当的铜豌豆"呢！几天后，我振奋精神，吸取了上回的教训，按标准放了发酵粉，认认真真地又做了一个面包。"功夫不负有心人"，第二天，一个香喷喷的面包，"完美"地呈现在我眼前了。我吃着自己做的面包，可真香。

这次学做面包的经历让我很难忘。它让我明白，生活中要不断尝试新事物，做事一定要认真、仔细，同时在遇到困难时一定要积极乐观地去面对，去解决。只要你努力了，奋斗了，就一定会有收获，哪怕是路途中的一个笑脸。让我们一起快乐生活、快乐成长吧！

"保姆"体验记

李铭鸿

"哐当",妈妈关上了门,只留下我和弟弟在房间里"相依为命"。唉,看来这"小祖宗"真的归我照顾了。真是"是福不是祸,是祸躲不过"啊!

"躲得过初一,躲不过十五",我只好硬着头皮去跟弟弟玩。嘿!不知道是血缘关系还是怎么着,这五个月大的小家伙竟然很喜欢我,不一会儿,就和我打成一团。

可好景不长,弟弟这个"灵魂歌手"居然唱起"歌"来,这歌声,可谓惊天地泣鬼神。妈呀,受不了啦!我急忙把他抱起来,又是哄又是逗,可这小子一点儿都不近人情,不但继续"唱歌",还不停地抓我的脸,似乎在责备我抱得不好。好吧,我认了,我也忍了。

好不容易停止了"唱歌",这小子又给我一个更大的难题。他躺在床上,把我放在旁边的书抓了过去,放进嘴巴里咬着。我的书啊,唉,这个小坏蛋!弟弟从小就爱把东西放进嘴巴里,小到鸡腿,大到被子,而这一次,竟然是我的书!我急忙抓住书的另一边,跟他来一场拉锯战。"呼——"我深吸一口气,猛地一拉，终于，把书抢过来了。我赶紧去看弟弟的嘴巴和手有没有受伤，还好，没事。再去看一下书，书的一角全是他的口水！算了，"弟弟第一，书本第二"，等你长大后再跟你算账！

"臭小子"精力充足，一直折腾个没完！这不，他又尿尿了。咋办？幸好，妈妈回来了。她抱起哭喊的弟弟，扯下尿湿的尿布，又打来一盆水，给弟弟擦洗起来……

看着看着，我的眼眶湿润了。弟弟就是我小时候的缩影啊！小时候，我不是也会哭、会闹、会淘气，妈妈不也是这样爱我、照顾我吗？爸爸妈妈不也是一句怨言也没有吗？

照看弟弟的这一小段时间，我懂得了许多许多……

我不想做"小皇帝"了

刘耘豪

我是家里的"小皇帝",饭来张口、衣来伸手,爸爸妈妈什么家务活都不让我干。

可是,我好想体会一下"平民百姓"的生活啊。

有一次,爸爸妈妈去上班,只剩我一个人在家,哈哈,考验我的时刻到了。我要帮爸爸妈妈分担,我要做家务!可是,干点儿什么好呢?我会干什么家务活呢?对了,家里的地板好几天没擦了,那就从擦地开始吧。

我找出拖把,洗干净之后就开始擦地。可是,平时在妈妈手里使唤得那么灵活的拖把,一点儿都不听我的话,洗过的拖把那么重,我歪歪扭扭地使劲擦起来。终于擦完了,腰和背好酸啊!再看看我擦完的地板,划拉得东一下西一下的,像是一张大花脸。

还能干点儿什么呢?擦玻璃?我够不着。做饭?我一点儿都不会。洗衣服?可是妈妈昨天刚刚把脏衣服都洗干净了,我总不能再洗一遍吧。

我看了看表,中午11点了,离爸爸妈妈回家的时间还早。可是我已经饿了，怎么办？于是，我来到厨房，想自己试着煮方便面吃。我把锅接满水，然后打开火，把方便面放进锅里，开开心心地坐在沙发上等着。没过多久，就听到厨房"刺啦"一声，我跑去一看，原来是水放得太多，都溢出来了。我赶忙伸手，想把水舀出来一些。"啊，好烫！"我还没反应过来，热水就溅到了我的手上。唉，我怎么什么都干不好！吃着方便面，我终于体会到了"平民"生活的不容易，也明白了，劳动并没有那么简单。

我再也不要当"小皇帝"了！

后　悔

张　欣

　　窗外的大雨无情地拍打着窗户，天空被乌云笼罩着，空气中弥漫着一股泥土的气息。而我正呆呆地望着外面，手中拿着成绩单，泪水不争气地再一次滑过脸颊。

　　事情还得从去年说起。那段时间，爸爸妈妈工作特别忙，一点儿都顾不上我。我也乐得自由，每天嘻嘻哈哈地玩，慢慢地迷上了电脑游戏。

　　每天放学回家，我第一件事情就是冲到书房打开电脑，美美地玩游戏，直到爸妈快回家才假装学习。那一次，我正玩得投入，忽然，门外传来了一阵开锁的声音，是妈妈回来了。但是游戏进行得正激烈，我并不像往常一样立刻往房间冲，而是继续尽兴地玩着电脑。妈妈进门看到这样的情况，什么也没说就去做饭了。就这样，在键盘声的伴奏下，半个多小时过去了，等妈妈做好饭我才不情愿地离开了座椅。

　　在异常紧张的气氛中，我小心翼翼地吃完饭，结果又回到了电脑旁边玩了起来。妈妈终于爆发了："你今天是怎么了！玩一下就算了，吃完饭又玩，你是想期末考试'抱鸭蛋'吗？""我早就复习好了，多玩一会儿又会不影响我的成绩！"妈妈的火气突然熄灭了，冷冷地说："那好，继续玩，看你能考多少分！"说完径直走向了卧室。此刻我还玩得不亦乐乎。

时间飞速走过，很快到了考试的那一天。这些题好像都见过，怎么自己却不会做了？果不其然，我考砸了。回到家里，我不敢跟妈妈说，真后悔当初没有好好学习，后悔自己的自傲自大，后悔我所做的一切，但是，已经无法挽回了。

我想后悔过后只有一条路可走：更加努力，看清自己。

夜半读书记

谢鸿艳

如果把知识比作天空，那么书籍是我飞翔的翅膀；如果把知识比作海洋，那么书籍就是我乘风破浪的小船。书总能带给我知识和快乐。下面就给大家讲讲我的读书故事吧。

记得那天，我很晚才把作业写完，妈妈说："安安，已经太晚了，今天就不看书了吧，快点儿睡觉吧！"我慢腾腾地走向洗手间，刷牙的时候还在想怎么偷看书。突然，我灵机一动，想出一个好办法：用我买的手指灯照亮，这样就可以躲在被窝里"大看特看"了。我迅速刷完牙，从"百宝箱"里拿出手指灯。一切准备妥当了，我拿出"宝贝书"，钻进被窝里，开始津津有味地看起来。

可是，时间长了，我还是觉得光线太暗了，看看爸爸妈妈已经睡着了，我便轻轻地把灯打开，继续享受读书的趣味。故事中，"我"苦苦寻找长臂猿的艰苦历程和最后终于找到了长臂猿的喜悦，真是引人入胜。

10点、11点……我虽然还想看，但是被睡意折磨得实在熬不下去了，便慢腾腾地下床去关灯。突然"砰"的一声，我的头重重地撞在柜上，当时感觉天旋地转一般。我咬牙忍住疼痛，继续走，"咣当"一声，我又被椅子给绊倒了。

　　响声惊醒了爸爸妈妈，我偷偷看书的事情，就这样被发现了。

书伴我成长

陈珂婷

如果旅行是心灵的阅读，那阅读就是心灵的旅行。

每每翻开一本书，就像打开了一扇门，整个世界都变大了。

我从小喜欢阅读，小时候收到的第一本书是《格林童话》，这本书让我感受到人间的温情，人性的美好与丑陋。也是这本书，带我在浩瀚无边的知识海洋中漫游。

看完《鲁滨孙漂流记》，当我为鲁滨孙的坚强、独立、智慧所折服时，我也立志要成为这样的人。当看《福尔摩斯探案集》时，我认为夏洛克·福尔摩斯是个观察细致、冷静、果断、知识面广的人，同时我也希望自己能够在生活上细致，在学习上精益求精。

"书是有灵魂的。"我喜欢这句话，因为我总认为每本书中都有位小精灵，待你看书时将书中的知识一丝一缕地灌输进你的脑海里。我喜欢推开图书馆的大门时，迎面飘来的书的气息。轻嗅书香，是世界上最美好的事情。

记得小时候，我曾为读书用过一个坏方法，那就是躲在被窝里读书。当时因好奇与神秘才去尝试一下，偷偷躲在被窝里，神秘地进行一件所有人都不知道的事情，用手电筒探索一行行未知的奥秘。哎呀！被窝中的氧气快没了，赶紧把头伸出被窝，闭上眼回味着刚才看的内容……现在长大了，这件事变得可笑又幼稚，可这毕竟是一件我与书之间有趣的故事啊！

　　书伴我成长，若知识是那璀璨的星空，那书便是灿烂的星星。

难忘那本书

张瑞泽

我的少年时代，与读书定然是分不开的。我读过许多书，而其中最令我难忘、最受益的就是这本令我魂牵梦绕的书，就是它——《假如给我三天光明》。

当翻开这本书时，我就被开头那段令人怜悯的话语所吸引，这段话使我彻底陷入进去。阅览室中十分安静，没有一点儿嘈杂的声音，我坐在小凳上，阳光直射到书中的每一个字，也照到了我的心上。当我看到海伦的悲剧时，我心中暗叹："为何老天如此不公？要剥夺一个小女孩儿的视力和听力。她是多么希望去看看蓝天白云，去看看这个世界，用嘴巴去表达自己的情感，用话语去倾诉内心的痛苦，用耳朵去听一听鸟儿的歌唱，为何要如此对待一个女孩儿啊！"她不能说话，听不见声音，看不见这个世界，但是呢，她却靠着自己坚持不懈的精神成功考上了哈佛大学这所正常人都很难考上的大学，这简直是一个奇迹！当她在书中学英文单词时是多么的艰难啊！她付出了比普通人多很多倍的努力。我发自内心地为她开心，决定以她为榜样，去学习，去实践。一个重度残疾的人可以做到的，我们又有何理由做不到呢？

我要以海伦·凯勒为学习榜样，去学习她坚持不懈的精神。

书香缕缕伴童年

李文珍

如果读书是一条快乐的河，那么，童年的我就如一叶扁舟，漂向美好的远方……童年的记忆里，满是书的影子。

我喜欢读书。看吧，我的书架上放满了书：《一千零一夜》《木偶奇遇记》《居里夫人自传》《西游记》《海底两万里》……每一本我都爱不释手。一有空，我就津津有味地读起来。

在美丽的春天里，在鸟语花香中，在和风的吹拂下，在细雨的点缀下，我沉浸在书的世界里，与主人公一起欢笑，一起悲伤。

美国作家弗兰克·鲍姆的《绿野仙踪》给我留下了深刻的印象。

读《绿野仙踪》，我好像也随着主人公多萝西进入了翡翠城，感受它的神奇。多萝西要回家的强大愿望让我惊叹不已。她费尽千辛万苦，终于回到了家乡。小小的她，怎么那么勇敢执着呢？果然是有志者事竟成，坚持可以让梦想开花，我真佩服她。当我看到心思纯洁的稻草人得到了智慧，不满现状的铁皮人拥有了心，胆小如鼠的狮子变得勇敢时，我是多么开心啊！多萝西与稻草人、铁皮人和狮子，从不相识到成为好朋友，他们互相帮助，才能克服困难，实现心中的愿望。我们要用心呵护，友谊之树才会常青。

不只是《绿野仙踪》，其实每本书都带给我精神的享受，每次品读，都像一次远行，让我满载而归。

此刻，我又开始了新的读书之旅，我正赶往硝烟弥漫的战场，去感受保尔·柯察金的坚韧与顽强……

最管用的钥匙

李晓梦

妈妈给我买了一本《西游记》，我爱不释手，没几天就读完了。

取经的路上是非常艰辛的，妖魔鬼怪更是数不胜数，但唐僧师徒都一一挺了过来。这一路上，猪八戒好多次都想要放弃，幸亏唐僧有一颗坚定的心。最后，他们到达了西天，西天就是他们成功的彼岸。

我觉得，他们之所以能一路坚持下来，是因为他们有一把最管用的钥匙——永不放弃的决心。

我以前听妈妈说过她高考的经历。当时，尽管妈妈很努力，但她的学习成绩并不好，最后只差几分，还是没能考上大学。失败的妈妈选择了放弃，没有复读，因为她害怕会再一次失败。我问妈妈："如果你当时再坚持一下，会不会就成功了呢？"妈妈苦笑着摇了摇头，说："是妈妈自己丢掉了打开成功大门的钥匙。世界上没有如果，打开大门的机会只有一次。不要放弃，坚持下去，找到那一把最管用的钥匙，门自然就开了。"

请听从你心底那真诚的呼唤吧。

　　在放弃时，问一下自己是否真的到达极限，在退缩时，问一下自己这么努力是为了什么。你的心会给你最宝贵的答案。打开成功之门的钥匙只有一把，那就是——永不放弃。当你回头望的时候，你会发现，所有的苦难都已不见，只剩下美好的未来！

读 书 记

张靖瑶

在我的记忆中，有一件事印象特别深刻。

记得有一次，我的语文试卷发下来了，妈妈看了一遍后，最终把目光投向了作文那一题。妈妈说："你这个作文怎么被扣了这么多分，这么多字都不会写，还要标拼音，这就是读书少的原因。今天下午我去给你买书，再买一个积累本送给你，把你读到的好词语都记下来。"

下午，我还在睡午觉，忽然，"当、当、当……"一阵清脆的敲门声在我耳边响起，原来是妈妈回来了。妈妈给我买了好多本书，我挑了一本《大个子老鼠和小个子猫》，读了起来。我一边读，一边把书里看到的优美的词语记到小本子上。"笑笑，笑笑……快下楼来一起玩！"楼下的毛毛喊我，于是我把书一扔，蹦蹦跳跳地下楼和毛毛玩耍。

玩了好久，我忽然想起妈妈的话，"哎呀，只顾着玩了，妈妈回来检查的时候看到我只写了那么几个词，会不会骂我呀？"我赶紧跑回家去，可妈妈已经回家了，正拿着我的小本子看。妈妈问我："今天下午写了几个词语啊？"我低着头，红着脸说：

"对不起，妈妈，我没有写多少。我和毛毛出去玩了。"没想到，妈妈并没有骂我，而是对我说："你想和小朋友出去玩，妈妈不反对，但是你要先把妈妈给你布置的作业完成再去呀。明天一定要把今天的补上！多读书，你慢慢就会喜欢上它的。"

我相信，只要我多多努力，调整好自己，我一定会喜欢上读书的。

我的"冤家"

杨晟豪

　　人们都说："书是人类进步的阶梯。"但是我好像天生就跟书有仇似的，就是不喜欢看书。老师说："要想学好语文，就要多看好书，因为书能给你知识。"于是，我无奈之下，只好硬着头皮读起了书。

　　记得那一次，放学后，妈妈规定我必须老老实实坐在家里看书，而且要读十页才可以出去玩。我看的是《昆虫记》。一开始，我还觉得有点儿意思。可是没过多久，我就开始觉得无聊起来，坐在书桌前度日如年，时间好像越过越慢。最后，我实在忍不住了，把妈妈的规定忘在了脑后，像兔子一样冲出门去，痛痛快快地和院子里的小伙伴做起了游戏。

　　玩了不知多久，大家都被家长叫回家了，我这才想起来妈妈布置的任务。我以百米冲刺的速度爬上楼，翻开书继续看。可是，才看了一会儿，我就像是吃了一只瞌睡虫，一直打瞌睡。后来，我就不知不觉地睡着了。

　　当我醒来之后，妈妈刚好回来了，我竟然一下子睡了两个小时。看到妈妈，我又想起来任务："糟糕，书还没看完，这可怎么交代呢！"妈妈知道情况后，耐心地给我讲读书的好处，而且陪我一起读完了剩余的几页书。

以前我不爱读书，后来，我就慢慢地喜欢上了读书。因为我知道，读书可以使人进步，可以让我成长。

我想握住你的手

爱 的 传 承

钱樱睿

这个寒冷的冬天，姥爷住院了。

有一天，我和妈妈去医院探望姥爷，姥爷突然想吃梨，妈妈便带着我出去买梨。冬日里，附近水果店的梨不太好，有的上面长满了斑；有的状态干瘪，毫无丰盈之感；还有的黯淡无光，失了水灵色泽。妈妈在几家水果店瞧了瞧，有的还削下一片尝了尝，都摇着头走了。我百思不得其解："梨还有分别，随便买点儿不就行了？""老人要吃软一点儿的东西，更何况病人，很少有胃口，千万不能敷衍了事。"

一路上，妈妈不停地向路人打听哪儿有水果店。天无绝人之路，我们终于买到了满意的梨。到了医院，我一屁股坐在椅子上，妈妈却忙着端水洗梨。看着妈妈忙碌的脚步，我揉了揉自己酸痛的双腿，站了起来："妈妈，我来帮您吧！"我学着母亲的样子，搓洗着水灵灵的梨。

我暗下决心，要为爸妈做更多力所能及的事情，陪姥姥姥爷聊天读报，努力学习，让关爱我的亲人们少操一份心，为他们的快乐略尽绵薄之力，让"孝"的链条永不断裂。

妈妈从不给我讲那些陈词滥调的大道理，而是用她的行为做法激励我成长，以生活为课堂，用真心感染我。阳光温暖地洒向大地，用爱滋润着世间万物。

外 婆 的 爱

吴媛媛

　　窗外丝丝缕缕的阳光给窗棂过渡上几分温暖的意味，空气中淡淡飘浮的尘埃与初冬的冰冷仿佛正在消失，又是一个下午。

　　我坐在书房里，认真地写作业，手中的笔写写停停，字迹有些僵硬。外婆悄无声息地走进房间，粗糙老迈的手笼在袖子中："冷不？我去给你拿个暖水袋。"我随口一答："没事，不用了。"

　　等我奋笔疾书攻克完那道难题，闲闲地伸个懒腰后，我清脆响亮的声音开始向各个房间扩散："外婆？外婆你在哪儿呢？"最终，推开厨房的门，我扶着门框怔了片刻：外婆正佝偻着背，有些笨拙地拧着开水瓶的塞子，头上稀疏花白的发丝迎着冬日的阳光灼灼刺痛我的双眼。她的动作十分连贯娴熟，可依然掩饰不了她松弛的皮肤、深浅的皱纹，还有那双年年岁岁累积成茧、风霜劳碌的手。

　　"外婆，你干什么呀？怎么不用那种充电的暖水袋呢？手烫了怎么办？"我压抑住喉头的哽咽，微微泛红的双眼视线不太真切。她有些局促地笑着，放下手里的壶："那种啊……外婆不会呀，而且带塞子的这种暖水袋，往里面灌水也很方便。你看……"她还在絮絮叨叨说些什么，甚至动手演示开了，可是升腾的水雾早已沾湿我的眼，呼吸都变得沉重。从小到大，每个冬天，总会有一只老旧的暖水袋递到我怀里，可我从来都是笑嘻嘻地急促接过，却忽视了那双通红的替我准备袋子的手，忽略了那个沉默细致为我操劳一切的人，自私地将温度留在自己指间，连一句"谢谢"都很少说过……

那只沉淀了数年温情的暖水袋又被塞到我怀中，颜色黯淡，却格外柔软。我抬起头对上外婆笑意盈盈的眸子，坚定地捧起那个传递温暖的暖水袋。下一刻，它安静地躺在外婆掌心，我清楚看见她眼中的惊诧、欣慰，还有感动。她沉默着，嘴角的笑愈来愈深。

生活中那些渺小而确切的幸福，真实驻留在每个人内心深处。外婆用无言的行动，教我懂得爱，享受爱，并学会爱。那时起，我关注到很多很多——晴初霜旦必定有热气腾腾的早餐，雨声淅沥中殷切守候的孱弱身影，陪同我练习长跑时总是放慢再放慢的脚步……

我想握住你的手

李欣欣

回忆跳跃着，触动着心弦，我想起了每个灿烂的金秋，想起了那双放不开的手。

我是被奶奶带大的，奶奶的手最好看、最温暖。小时候，我喜欢勾着奶奶的手指，在树林中散步，将脚下的枯叶踩得"咔咔"响，奶奶说我淘气，我却不承认自己的顽皮。忽然，我在路旁发现了一株蒲公英，茸茸的毛，随秋风左右摇摆，我轻轻吹一口气，茸茸的毛就四处散开，像一个个小伞兵，飘向远方。奶奶说，那是蒲公英的孩子，长大了，蒲公英妈妈就会张开怀抱，将她的孩子送到天涯海角。"奶奶，蒲公英妈妈不爱自己的孩子吗，为什么不把他们留在身边？"奶奶笑着告诉我："当然爱，只不过她希望自己的孩子有更幸福的未来。""但这也太残忍了，奶奶，我永远不要离开你！"奶奶笑了。

公园里，我紧紧地抓住奶奶的手，那双历尽沧桑、满是褶皱的手紧紧地被我握在手中。我知道，蒲公英之所以会离开亲人，是因为想给对方留下更多美好的回忆。

而我，不是蒲公英，我要一辈子紧紧握住你的手。

我想看见你的笑

王慧玲

睁开眼睛，空荡荡的房间静得可以听到我的呼吸声，我揉揉蒙眬的眼睛，还有些湿润。我痴痴地望着窗外迷离的光，才想起我已经失去了你。我想你了，奶奶。

假如还可以回到从前，那该多好……

我放学回到家，打开家门，一股饺子的香味扑面而来。你笑盈盈地走向我，招了招手，说："来，吃个饺子，你最爱吃的胡萝卜馅的。"你扎着围裙，衣服袖子上都是面粉，端着一盘热气腾腾的饺子，坐在我的身边，说："尝尝吧，你上学太辛苦了，我包了你最爱吃的饺子。"饿了一上午的我如同一匹狼，大口大口地往嘴里塞，不一会儿，一盘饺子就被我吃了个精光。你还是微笑着看我，就是这样的笑，在饺子的热气中渐渐模糊不清，渐渐消失在记忆中。

窗外的大树影影绰绰地映在地上，夕阳最后的余晖也落下了，你还翘首望着我回家的路，你的影子渐渐被拉长。直到天黑，贪玩的我背着书包回来，你笑了，可我分明看到了你眼中的泪花。你自言自语，说："回来就好，回来就好……"

秋风起，远在他乡的人们难免会有思乡之感，你站在窗台边望着漫天飞舞的落叶，渐渐失了神。你的白发被风吹起，这几天你的记性越来越差，总是忘了一些事。"奶奶，你在看什么？"你稍微一怔，说："孙女该回来啦。"我听了有点儿诧异，然后我说："奶奶，你孙女已经回来啦。"这时你抬头，看见了我，你笑了，就是这样的笑，随着落叶飞舞，一直飞到天边。

在那个灰蒙蒙的日子，你永远离开了我，再也回不来了。从此，我失去了你每日的等待，失去了你包的饺子，失去了和你一同享受阳光时的欢笑……

我想再看看你的笑，好吗？

懂　你

张　璠

　　时间可以冲淡很多事，却冲不走那一刻在我心里的印象，冲不走那甜甜的母爱。

　　记得那是一个炎热的夏天。太阳像个火球一样烤着大地，空气中一丝风也没有，知了在树上烦人地叫着，不肯停歇。小草没有了昔日的勃勃生机，有气无力地趴在地上。这天，真让人烦躁。

　　我在家看电视，妈妈在我身旁洗衣服。"咳，咳。"嗓子又干又涩，很不舒服。妈妈听到我的咳嗽声，赶忙抬起头看看我，关切地问："怎么了？""不知道。"我回答。妈妈在围裙上擦了擦手，起身朝我走来，撩起我的头发，在我额头试着温度。一丝丝凉意在我的额间散开，清清凉凉，很是惬意。妈妈唠叨着："有点儿热，发烧了？昨晚开着空调，让你盖薄被，你偏不听。还有哪里不舒服？"

　　看我不说话，妈妈皱了皱眉，转身背着包出门了。我有些失落：我都生病了，妈妈怎么还能狠心丢下我走了？我越想越气，昏昏沉沉地睡了过去。

我想握住你的手

不知过了多久，我被厨房里传来的声音吵醒了。妈妈回来了。过了一会儿，妈妈端着一碗黄澄澄的梨水走了出来。我端起轻抿一口，霎时，梨的清香充满了我的心间，很甜。每一口，香甜都萦绕在心间，久久不曾散去。突然想起小时候，每次嗓子疼，妈妈都会给我熬香甜的梨水喝——因为她知道我不喜欢吃药。

妈妈的爱，就像这梨水一般：温暖，馨香，甜蜜，细腻……

为梦想插上翅膀

林鸥忆

每个人心中都有一个梦想，这个梦想或大或小，或伟大或平凡，但都是每个人努力的动力。我的梦想十分简单，长大后，我想当一名歌手，把自己喜欢的歌唱给大家听。

这个梦想是因为一首歌。那时我才十二岁，一次偶然的机会，我听了阿黛尔的一首歌。那优美的旋律、低沉的嗓音，一下子就把我引入了那个奇妙的音乐世界，黑白的钢琴键、笔直的五线谱、豆芽般的音符……这一切东西都富有魔力，把我拉进音乐世界，再也出不来了。从那以后，我时常挂着耳机，在街上，在家里，在厕所，只要闲着没事我都会哼上两句。渐渐地，我爱上了音乐，并有了长大后要当歌手的梦想。我开始了解音乐，学习音乐。我每周六都会去上钢琴课，周日还会去老师家里学声乐，平时上网时也会不时地下载更多的音乐在手机里。在学校里，我有时还会跟好朋友一起写歌，虽然不是很专业，但为了梦想总要尝试一下吧！

如今，我已会唱很多首歌了。不管是中文、韩文还是英文，无论是流行、民族还是美声，我都会唱，同时，我也有了许多喜欢的歌手，像韩红、李健、阿黛尔……他们这些人的努力付出与如今在舞台上的无限辉煌都是我学习的榜样，努力的动力。他们同样也是一群为了梦想而努力奋斗的人。就像李健，他从小努力奋斗，在进入清华大学电子工程系之后，仍不断为了梦想而奋斗，最终使梦想变成现实。

所以，就让我们插上梦想的翅膀，一起努力奋斗，朝着自己的梦想出发吧！

我 的 梦 想

王铭达

　　我的梦想是当一名足球明星，在绿茵茵的赛场上踢进一个又一个的球。

　　我这个梦想，是受爸爸的影响。爸爸是个足球迷，每次电视上有足球赛，他总是端坐在电视机前的沙发上，手里攥紧着遥控器，两眼瞪得像铜铃，一眨不眨地盯着电视机。那时，家里谁说要转台，爸爸就跟谁急眼。每次，爸爸喜爱的球员踢进了一个球，爸爸就会连拍大腿，或者跳起来挥着拳头，大叫："进了，进球了！"那样子，不亚于中了彩票大奖。我就是在这种情况下，慢慢喜欢跟着爸爸看球，然后喜爱上了踢足球。我渴望自己也能成为绿茵赛场的"中国C罗"。

　　为了实现这个梦想，我从七岁开始参加足球培训班，至今已经三年了。每次教练给我们讲技术时，我总是认真听讲，然后反复揣摩，反复练习。因为勤学苦练，不久之后，我掌握了不少攻球、带球、进球的技巧。在前不久的训练赛中，我连进两球，为我们红队取得胜利立下汗马功劳。教练说，因为有我们，早晚有一天，我们中国的足球会像乒乓球一样称雄于世界的。

我想握住你的手

前几天晚上睡觉，我做了一个梦，梦见自己穿着西班牙皇家马德里的八号球衣，与我的偶像C罗在西班牙足球甲级联赛中对阵马德里。开局五分钟，马德里队员发球失误，我跟上奋力一扬右脚，远射，白色的足球急速划了一条美丽的弧线后，重轰进门。下半场，我方守门员传球给我，我巧妙地带球突破，到了前场，我看准时机内切射门，哈！球又巧妙地钻进对方的球门触了网！补时赛时，我前场跑位，C罗把球传到中路，我纵身一跃，凌空扫射，真是锦上添花，又进了一球。4∶0，我上演了帽子戏法。球场四周的欢呼声一阵接着一阵，球迷们疯狂了！队友们把我高高抛起！"我进球了！"我忍不住大喊。突然，腿一蹬，我惊醒了，原来是一个梦。

我坚信，梦想会变成现实！

我 的 理 想

滕　悦

每个人都有自己的理想，我也不例外。

小时候，我想成为一名画家，因为姥爷是一名画家；接着，我又想当一名作家，因为我得到了一根上好的钢笔，我想天天使用它；现在，我的理想是成为一名建筑设计师。

我的舅舅是一名优秀的建筑设计师。而我想成为一名建筑设计师，也不光是因为他，我有自己的理由。我是一个喜欢创新的人，不愿意做死板的、枯燥的工作，而建筑设计师恰好是用自身的创意去创造一个个宏伟的建筑。我非常喜欢这项工作。我要好好学习，为我的梦想而努力。

如果我真的梦想成真，我要先将中国的建筑水平提高一个层次，让中国的建筑在日后名扬中外。还有，就是我要改造设计不合理的房屋。现在有的房子为了尽快卖出，获取收益，格局都未设计好就开建，比如走廊窗户的位置不好，难以采光；比如客厅太大，卧室却连张双人床都难以放进等等，这样的事可不少见。我要在以后多干实事，成为大家口中的"实干家"。

这就是我的理想，既有伟大的宏图也有细致入微的实事。现在的我只有好好学习，天天向上，才能做到上面所说的事情，在未来实现我的梦想。

小 书 迷

赵娟娟

我的好朋友王静可是个小书迷！说起她与书的故事，那可是三天三夜也说不完啊！

去年"六一"那天，王静和刘珊、余丽等几个同学约好一起去影院看电影。路过新华书店时，她见书店里面人很多，马上来了精神，挤了进去，抽出一本书自顾自地看了起来。

不知过了多久，她的肩膀被人重重地拍了一下，她回过头一看，原来是刘珊、余丽等几个同学来找她。王静诧异地问："你们也来看书呀？"刘珊不满地说："别装蒜！你可让我们好等！"王静奇怪地问："什么让你们好等？"余丽歪着脑袋说："看电影呀！"

"哦，都怪我这人没记性，给忘了！"王静拍了一下后脑勺说。刘珊毫不客气地回了她一句："谁不知道你是被书迷住了呀！"说完拉起王静就往外跑。王静着急地说："慢着，慢着，等我买下这本书！"

到了电影院，王静根本没心思看屏幕，一坐下就想拿起书去读。可是电影院里光线太暗了，她便悄悄地跑到了外面，坐在台阶上，津津有味地读了起来。等到同学们看完电影出来拍她的肩膀，她才知道放映结束了。

　　还有一次，王静刚走进楼道里，实在忍不住，便捧着借来的书边看边往家走。她刚一进家门就大声喊："妈，我回来了！"回答她的是一阵笑声。她抬头一看，哦，走错了！原来是进了邻居李阿姨家！她连忙向李阿姨道歉，李阿姨笑着说："别边走路边看书了，小心再闯错了门！"

　　王静就是如此爱书，她真是一个小书迷呀！

勇 敢 的 她

杨 智

　　我们班新转来一名女生。她总是一个人不声不响地坐在座位上，从不抬头正视哪一个人。只有你不注意的时候，她才会猛然抬头向你瞥一眼，又迅速地收回目光。如果你主动和她交谈，她的脸就会羞得像一个大红苹果似的。可能是太紧张，她总是低头看着自己的脚尖，两只手不停地翻动着衣角，甚至说话时，都带着颤抖的声音。如果你不离开，她是绝不会抬头的。

　　一次美术课前，班里的"小霸王"王强忘了带美术材料。他左看看，右瞧瞧，眼里突然闪出一道亮光，他来到了班里最老实的李忠座位前，二话不说，伸手就抢他的水粉颜料。李忠喊着："还我颜料！还我颜料！"急得泪水都在眼眶里打转了，可王强就是不理他。这时一个陌生而响亮的声音响起来："放下！不许拿！"大家不约而同地转身一瞧，想不到竟是那位平时一声不吭的新同学。她一个箭步，奔到了王强面前，紧锁双眉，用愤怒的眼神看着王强，厉声说："你怎么能看李忠老实，就抢他的颜料呢？快还给他！"王强看着这阵势也吓蒙了，从他的眼光中，流露出了慌乱的神情。也不知怎么搞的，颜料真被他放在了桌子上。全班同学都哈哈大笑起来，因为谁都没想到平时一身霸气的王强，那天第一次那么听话。再看王强，红着脸，低着头，摸着后脑勺儿，不知所措地站在那里。这时，新同学微笑着说："王强，我可以借给你颜料，不过，你要答应我，以后再也不能欺负别的同学了。"王强羞愧地点点头。

我这才恍然大悟，新同学并不胆小。在是非之间，在不良行为出现时，她敢于站出来，她是一个勇敢者。

那一幕，让我感动

王逸凡

在无数的岁月里，有许多情景令我感动。那一幕——母爱的伟大，让我潸然泪下。

地震来了，地面摇晃起来，很多建筑物都倒塌了。原本美丽洁净的城市变得一片狼藉，不堪入目。

急救人员赶到现场，展开大规模的急救。不一会儿，急救人员发现了一具尸体，她已经死了，建筑物把她压在下面。可是她身体下面还有一个用棉被包着的东西。急救人员费了好长时间才把建筑物挖开，拿出那东西。是什么呢？结果让在场的人都震惊了！是一个刚出生不久的婴儿。雪白的皮肤，粉红的脸蛋儿，她依然在安静地睡着，睡得那么香甜，丝毫没有亲人被夺去的惊慌，多么美好的一个小生命啊！她之所以能安然无恙地睡着，是因为妈妈用自己的身躯保护着她，为她挡住了致命的砖瓦和沉重无比的建筑物。而就在这时，急救人员又从棉被里发现了一部手机，上面写着："宝贝，我和爸爸去旅游了，在那里快乐地生活着，你要坚强，加油！——爱你的妈妈。"所有人都忍不住流下了感动的眼泪。妈妈为了不让她以后伤心、孤单，用善意的谎言告诉她爸爸妈妈已经走了。她希望这个善意的谎言让这个婴儿长大成人后会觉得爸爸妈妈没有走，其实就在某个地方陪伴着他。

我被这母爱感动了，我的母亲又何尝不是这样呢。每次回家，她都会把热腾腾的饭菜放在桌上；我睡熟了，她都会来到我房间为我轻轻盖好被子；打开衣柜，就会看到有干净整洁的衣服放在里面。母爱就是这么默默无闻。

我为那位舍身救子的母亲而感动，也为母亲对我的付出而感动。

美味的云南小吃

王　洋

　　我的家乡在云南省曲靖市，这儿有许多当地的美食。作为一个曲靖人，我最爱吃的就是辣子鸡和蒸饵丝了。

　　辣子鸡是将上等的鸡肉与鲜亮的干辣子切成小块，然后一起放在油锅里炸。炸好之后，原本白色的鸡肉变成了金黄色，上面闪着油光，还散发着一股诱人的香味。最后撒上一把葱花，真是让人垂涎三尺。

　　辣子鸡是我们曲靖的特产。每当有亲戚朋友来家里，妈妈就会做辣子鸡给我们吃。吃饭的时候，我总是嚷着把辣子鸡放在我面前。妈妈做的辣子鸡不仅色泽光亮，而且味道也香醇浓郁。夹着一大块鸡肉一口咬下去，顿时，我的心里充满了妈妈爱的味道。那鸡肉外脆里嫩，干辣子酥脆可口，我舔舔嘴巴，不禁又吃了几块，吃完后回味无穷。虽然有些辣，但让人吃了一块忍不住还想再吃一块。

　　如今曲靖市的龚氏辣子鸡因为独特的配方和精湛的手艺，辣而不腥，食而不腻，享誉海内外。

　　聊完辣子鸡，接下来我们再说说蒸饵丝。

　　蒸饵丝是我们曲靖的名小吃，作为早餐，既填得饱肚子，又营养美味。蒸饵丝的调料非常丰富，而且相当考究，选用新鲜的韭菜和绿豆芽，还有专门熬制的酱油和精心炒制的肉酱。饵丝所用的酸菜也是自家腌制的。当然辣子油的辣椒来自丘北，这辣椒在其中可扮演着重要角色。精盐、白糖、味精等也是不可缺少的调料。

　　听了我的介绍，你们有没有流口水呢？

桃 花 饼

金炜佳

三四月是桃花盛开的时候。每当这时，我都会与姥姥上山摘桃花，回来做桃花饼。

姥姥负责摇桃花树，我负责捡桃花。姥姥只要轻轻一摇大树，桃花便犹如仙子一般降临，在空中她们转动自己粉红色的裙摆，好像在互相攀比着，看谁更加美丽。慢慢地，她们落到了大地上，为大地织了一件粉红色的衣服。放眼一看，地上的桃花密密麻麻的，我连忙弯下腰来捡桃花。伴随着鸟儿的叫声，花儿的芬芳，我很快便捡完一筐了。

我们带着一筐的桃花满载而归，接下来就是做桃花饼了。

首先我们开始揉面，一舀水、一盆面搅拌在一起，一按一揉，一按一揉。姥姥在揉面，我在旁边看着，时不时还会装模作样地按一下，但经常会把面粉弄得满身都是，好像一只小花猫。姥姥没有责怪我，而是慈祥地看着我那可爱的模样。

面揉好了，接下来的任务便是洗桃花了。

我们将一筐桃花装入大盆里，姥姥从井下抽水，井水冰冰凉凉的，我们却洗得那么开心。洗完便开始包桃花饼了。

　　首先将面团揉成许多小球，再在上面按出一个小坑，将桃花放进去，再包起来。很快，在我与姥姥共同制作下，一屉桃花饼便包好了。

　　我们将桃花饼依次放入油锅，渐渐的，桃花饼外面开始泛黄，起了一层小脆皮，这也就代表它快要炸好了。而我在旁边早已忍不住，馋得直流口水。

　　饼刚出锅，姥姥便给我夹几块，让我尝一尝。看着那喷香的桃花饼，我一下子咬上去，外脆里嫩，太好吃了。

　　这个桃花饼饱含着我的快乐、姥姥的慈爱，让我永生难忘。

三 道 茶

龚 倩

　　我是一个来自浪漫之都——大理的女孩子，我的家乡有着美丽的风景，有着特色的小吃，有着热情的白族人民。其中让我印象最深刻、最喜欢的还要数我们大理的三道茶。

　　之所以叫作三道茶，是因为它是由三杯不同的茶组成的。这三杯茶各有各的特点，也包含着不同的意义。

　　第一道茶是苦的，特别是第一口，就像喝中药一样，大多数人喝一小口都会觉得太苦了。因为这一道茶是想告诉你，人生都是要经历各种苦难的。

　　第二道茶的味道是甜的，因为第一道茶十分苦涩，所以第二道茶甜香可口。它是想告诉你，在你经过了困苦之后就会有回报，就是我们说的先苦后甜。

　　第三道茶是最有特点的一道茶。这一道茶结合了甜、苦、辣这三种味道，它的名字叫回味茶。你先是尝到三种味道，等喝到最后你会发现它像清水一样没有味道。它是想说，人一生经历了太多太多，有苦有甜，但是最后还是什么都没有剩下，如清水一般平淡。

　　这就是我最爱的家乡的三道茶，喝了这三道茶之后我明白了什么叫作先苦后甜。人生总是曲折不定的，到最后不管是苦还是累都会变为一杯清水，所以我们应珍惜当下，不给人生留下遗憾。

无 声 的 爱

母 亲 的 爱

王金铭

从记事起，母亲的爱就像空气围绕在我的身边，像甘霖滋润着我的心田。

灯光下，母亲的眼神格外温柔，在夜里一次又一次地给我盖好被子，动作轻盈得像一只猫咪。把一切都安顿好之后，她转身走进洗漱间，洗着我的衣服，满含笑意地将它们熨平，小心翼翼地放在我的枕边。我闻着散发出爱的味道的衣服，梦也总是甜甜的。

冬雨淅淅沥沥地下着，走出学校的大门，一股寒风吹来，我不禁打了一个寒战。雨顺着头发滑过脖颈，好冷啊！我咬着牙，低头往家走去。这时，我的头顶突然多了一把雨伞，我转头看去，是母亲。"对不起啊，妈妈加班，来晚了。"她一边说，一边把自己的围巾递给我。吹来的风似乎没那么冷了……

"出门要小心啊！"母亲在门口一遍遍地叮咛。我小声嘀咕着母亲的唠叨太多，心里却异常温暖。走到路口，似乎被一股力量吸引着，我回头望望，母亲仍然站在门口……

岁月将母亲目送我的形象雕刻得十分清晰，那样的清晰刺痛了我的双眼，我的心里对时光又爱又恨，说不出的酸楚。

母亲的爱好像一片片羽毛，为我插上有力的翅膀，伴我飞向远方，追逐梦想。

妈妈，请听我说

吴　倩

　　妈妈，自从妹妹出生以来，我心里埋着很多话，一直不敢开口。可是今天，我再也忍不住了。在这里，我想一吐为快，您能听我说吗？

　　有一次，您到我和妹妹的房间里来，看到了房间里很乱，地很脏，于是您不问青红皂白，就骂了我一顿："你长这么大了，难道你们的老师没有说过，不能随地乱扔东西吗？你现在就把垃圾收拾干净，把房间收拾好，快！"我只得垂头丧气地弯下腰去拾垃圾。妈妈呀妈妈，您怎么不想想妹妹，那个淘气的妹妹，这件事是她做的呀！可是您为什么不去管管妹妹呢？妈妈，妹妹现在小，是需要照顾。可现在不管她，任她性子来，她就会养成坏习惯啊！

　　还有一次，您发现我们姐妹俩睡的钢丝床底下，有一条尿湿的裤子，就把我喊到了您的房间里骂了一通，还叫我以后不要再把脏裤子扔到床底下去。当时，我不敢开口对您说明原委，但我在心里说："妈妈，您听我说，我已经长大了，已经是一个五年级的学生了，已经是一个戴红领巾的少先队员了。这件事不是我做的，是妹妹做的呀！"但是，当我看到您那严厉的眼神时，话到嘴边又被迫咽了回去……

像这样的事，我一口气能说出一大堆。

妈妈，我最后要说："您可知道我受了多少委屈，心里多么痛苦！我也是您的女儿啊！妈妈，请您对我公平些吧！"

母 爱 似 海

张秀丽

　　成长路上，你默默相伴，如海水盈盈，情深绵绵；你静静地相拥，如海水蔚蓝，温柔深广；你执着地牵着我的手，跟随我的脚步，潮涨潮落，母爱似海，而我只是一只小船，在你的浪里摇曳……

　　"哇，哇……"伴着哭声，我降临在这个世界。你笑了，仿佛我是朵缤纷的花朵，点缀了你的世界，只要拥有我，你的每天都是开心的。记得小时候，你教我学骑自行车，我摔倒了，你轻轻拥抱我入怀，我贴着你的脸，感受着你呼吸的起伏，就像海的波浪。

　　可是，从我开始学小提琴起，你变了，变得冷漠又苛刻。温暖的大海仿佛进入了冬季，冻结了所有的暖流。每次练琴，你都站在我的旁边，拿着一根教鞭，指着我的手，我错了，将来你就敲打我一下。我为你的冷漠感到伤心……

　　最近，我越来越容易出错，你生气了，严厉地对我说："学不会是能力问题，不好好学是态度问题。没有一技之长，将来你怎么在社会上站稳脚跟啊！"一边说，一边流下了眼泪……那一刻，我读懂了你，你是希望我变得更优秀。

　　母爱似海，她积攒着力量，将我擎举在她的浪尖，我的小船慢慢航行，她只深情流动；母爱似海，她消磨了自我，将一片澄澈书写在我的未来！

小 淘 气

金奕特

"当当当"，有人敲门。咦，这么晚了，是谁啊？我开门一看，噢！原来是对门的邻居——一岁多的小女孩儿和她妈妈。

一进门，小邻居就开始"搜查活动"了。只见她这边看看，那边翻翻，好像我家有什么宝贝似的。

天哪，她竟然拿起了我的哆啦A梦录音机！看着她手拿录音机，冲我"嘻嘻嘻"直笑的样子，我的心都提到嗓子眼儿了。这个小家伙可是个喜新厌旧的"破坏狂"！只要看到有比她手里拿的更好的东西，就会立马扔掉手里的，去拿更好的。我这个录音机可经不起摔！我赶紧跟在她后面，万一她一扔，我还可以接住。

突然，她像哥伦布发现新大陆似的，欣喜若狂地奔向我的塑料盒区。我紧随其后，只见她拿起一只塑料瓶，搬运到阳台，可就是不愿意放下录音机。

我急中生智，马上拿来一只维尼熊，她的注意力立马被吸引住了。哈哈！这么容易就进了圈套了！我又使出浑身解数来吸引她，她一边"呀呀呀"发声，一边伸出一只小手，张开五指，一步一步向维尼熊走来。我暗自窃喜……

突然，"啪"一声，我低头一看，天啊，她把我的录音机摔在了地上！我也顾不得什么维尼熊了，赶忙拾起录音机，十分伤心。小邻居看我一脸苦相，竟然一边摆弄着维尼小熊，一边"咯咯咯"地笑了起来！真亏她能笑得出来！唉，我可怜的录音机！

我这个小邻居可真是又淘气，又可爱！

可爱的圆圆

高　洁

　　我的妹妹叫圆圆，今年四岁。她梳着一个蘑菇头，不大不小的眼睛像两颗黑宝石一样，总是不安分地忽闪着，圆圆的脸上总带着顽皮的笑意。

　　我的妹妹是属猪的，可她的性格却像一只顽皮的小猴子。刚爬到了床上，一转眼又跳到桌子上，你做什么，她就跟着做什么，真叫人哭笑不得。

　　下午放学后，我正在做练习题，她走过来对我说："姐姐，我要写作业。""去，一边玩去，小孩子会写什么作业？"我不高兴地攮开她，接着又低下头去学习了。妹妹见我不理她，就悄悄地拿走了我的橡皮，可我一点儿也没发觉。

　　唉，有一道题写错了，我急忙找橡皮。你猜怎么着？她把我的橡皮切成了碎片。我真想揍她一顿，可作业没写完，也就暂时忍住了。

　　好不容易写完作业，我刚准备教训她，谁知她来了个"恶人"先告状，一下扑到妈妈怀里，对妈妈说："妈妈，姐姐要打我。"看着她那逗人的样子，我"扑哧"一声笑了，也就饶了她。

  记得还有一次，爸爸让我教她一首唐诗，我打开唐诗书念道："李白乘舟将欲行……"一句刚念完，妹妹连忙就说："李白——小白羊，年纪不大胡子长；鹿鹿，梅花鹿，头上长着两棵树……"我既好气又好笑地说："小笨蛋！……""大笨蛋！"妹妹娇声娇气地又把话头抢在我的前面了，引得一家人哈哈大笑……

  你说这个小丫头逗不逗？

害怕吃药的丫丫

赵　帅

　　药，虽然苦，但比起打针来毕竟好多了。有人觉得，喝药有什么难，把药搁进嘴里，喝口水，咕嘟一吞就咽下肚了。可对一个五六岁的小孩儿来说，那可是难于上青天。

　　说起妹妹吃药，可有一段历史了。在以前，她一病了，喝药时得全家配合，爸爸一手捏住她的鼻子，一手拿着药片，妈妈一手抓住她的双手，一手端着缸子，我也得把她的脚压住，好不容易把药灌了下去，但她还能吐出来一些。因此，喂她药可不是一件容易的事。

　　一天，妹妹说她的鼻子有些不舒服，妈妈觉得小病不用打针，吃点儿药就好了，便对妹妹说："丫丫，你这么大了，应该学着吃药了，你鼻子不舒服，就先吃个又小又甜的感冒通吧。"

　　这一次，爸爸先让我动员她，我对妹妹说："这药不苦，又那么小，一喝水就咽下去了。"妹妹同意了。爸爸拿出一粒感冒通，我拿起杯子，爸爸把药塞进妹妹嘴里，我急忙喂她水，可她只把水喝下去了，药仍在嘴里。我又耐心地给她讲："你别怕，嗓子张大一点儿，不要想嘴里有药，想着嘴里只有水没有药。"

她又一次鼓足了勇气，这次她按我教她的方法顺利地喝下去了。喝下去以后，她便奶声奶气地说："妈妈、爸爸、哥哥，我会吃药了！我会吃药了！"我们家里一片欢笑声，我们都为妹妹学会吃药而感到高兴。

　　妹妹吃药虽然是小事，但它也可以看出妹妹战胜困难的决心和勇气。从那以后，妹妹吃药再也不怕了，她还能吃一些有点儿苦的药呢。

小 吃 货

姜 静

　　我的小弟长得虎头虎脑，胖墩墩的，一看就知道是个小吃货。不信，你到我家来瞧一瞧。

　　这天，爸爸买回来一个大西瓜。只见弟弟双手抱着一块大西瓜，眼睛盯着桌上的西瓜，一口接一口地吃着，连西瓜籽也顾不上吐。他一边吃一边走，一脚踩上了西瓜汁，一下子滑倒在地板上，西瓜正好摔在他的嘴边。弟弟没哭也没闹，他躺在地上接着吃！他的这副吃相，逗得全家人哈哈大笑。

　　更有趣的是，他常能吃出花样来。一次，我们吃葡萄，吃着吃着，他指着一颗亮晶晶的葡萄叫了起来："小兔，小兔。"我一看，呵，还真像呢！那两块竖起的葡萄皮正是小兔的长耳朵，那皮下露着的一部分果肉真像小兔的小圆脸，整颗葡萄活像小兔的小脑袋。看着弟弟的新发现，我从心里佩服他独到的眼光。

　　像这样的事，我能列举很多。您说，我的弟弟怎么样？

小"莲藕"

　　我大舅妈的女儿今年一岁多。圆滚滚的胳膊、腿，一坐下来，就挤出一节节饱满的"莲藕"来，谁见了都想摸一摸，我呢，更想咬上一口。所以呀，我爱叫她"小莲藕"。

　　别看小莲藕路还走得不大稳，话也说得不大清，可有一次竟让我这个大表姐下不了台。

　　那天，妈妈带着我和妹妹到大舅家去玩。小莲藕一见我们，高兴得乱踢乱叫。我和妹妹拉着她到楼上玩捉迷藏，她玩这个最起劲啦！我让她和妹妹先躲。我刚刚闭上眼睛，就听见了"哗哗"的水声，睁开眼一看，哦，小莲藕尿裤子啦！

　　再看看小莲藕，她像个身经百战的将军，不慌不忙地审视了"战场"——地上的那一摊尿迹。接着，她甩开了小腿，歪歪倒倒地向阳台上"开拔"了。她是要干吗呢？到了阳台，她踮起了小脚，努力举起胳膊，想够着晒在架子上的尿布。嘿！扯了几下，尿布居然还真给她拽下来了。顿时，她脸上绽开了笑容，又摇摇晃晃地往回走。

　　小莲藕在我面前停住了脚步，高高扬起手中的"战利品"，

无声的爱

冲我一笑，又指了指自己的裤子，吱吱哇哇地冒出一连串"外语"。我恍然大悟，小机灵鬼一定是想请我帮她收拾尿湿的裤子。可……可我哪做过这档子事呀？我臊红了脸，不知如何对她解释。妹妹在一旁幸灾乐祸地说："你这个大表姐，笨蛋一个，她哪里会收拾！"

这件事真让我尴尬。小莲藕呀小莲藕，虽说是这样，可我还是爱你没商量。

我的外甥女

邵芳芳

我虽然才十岁，但是已经有了一个外甥女。她才出生四个多月。

我这个外甥女长得特别惹人喜爱，圆圆的脑袋，圆圆的脸，圆圆的头上戴着一顶红白相间的圆帽子。大大的脑袋上长着高鼻子，一双跟她妈妈一样美丽的大眼睛总是瞪得圆圆的，骨碌碌地转来转去。圆圆的小嘴巴总是一动一动的，一天到晚就想吃东西。她刚吃过奶糕，一会儿又要吵着吃奶。其实她最喜欢吃的是烧得很烂的稀饭加一些菜汁，因为她这样贪吃，所以她身体都是圆的，圆圆的手臂，圆圆的腿，就连一双小脚也是圆鼓鼓的。由于她浑身上下都是圆圆的，所以她爷爷给她起了一个小名，就叫"圆圆"。

我可喜欢圆圆啦，经常逗她玩，引她笑，她也很喜欢我这个小姨。有一天，我带了两块小手帕打算给她擦口水，她看见五颜六色的漂亮手帕，快活地笑着，两只手上下摇晃着，张开嘴巴，好像在对我说："谢谢小姨。"我赶紧拿过奶瓶，奖励她吃奶。这下可好，手帕她也不要了，只顾吸着奶瓶，停也不停。看到她这样贪吃，我想，圆圆长大以后会变成什么样子呢？我可不希望她成为一个圆圆的大皮球。

快快长大吧！我的小外甥女圆圆。

调皮的小表妹

薛紫荆

　　我的小表妹今年四岁了，她长得很可爱，红扑扑的小脸上嵌着一双乌黑发亮的大眼睛。一张樱桃小嘴，能说会道。小脸就像一朵盛开的鲜花。

　　你们别看我把小表妹写得那么漂亮，其实她像男孩子一样，非常调皮。

　　有一次，我正在画图画，桌上堆满了水彩笔。这些水彩笔都是我平时最喜爱的。表妹早不来，晚不来，就在这时"闯"进了我家大门。可我没理睬她，继续画我的画。表妹东瞧瞧，西碰碰，然后拿起一支水彩笔，玩了起来。我开始不想生气的，好声好气地对她说："把水彩笔还给姐姐好吗？姐姐画图画有用。"可她头也不回就躲到冰箱旁。我也走到冰箱旁，蹲下身子对她说："要不姐姐给你一支更可爱的笔。"说完我从背后拿出一支笔，笔身是蓝色的，笔头是兔子形的，很可爱。我把笔摆在她眼前摇了摇，希望她尽快将水彩笔还给我。妹妹神秘一笑，答应了我，我把兔子笔交到她的手里。

　　出乎我意料的是，她只是"一手夺货"，而没有我想象中的"一手交货"。她拿到兔子笔却不肯把水彩笔交给我，摇头晃脑，还向我扮了个鬼脸，似乎在嘲笑我这个姐姐真没用，连她的当都会上。我看了非常生气，真想狠狠揍她一顿，后来在妈妈的劝阻下，我这个当姐姐的只好放她一马了。

你看，她真是又机灵又调皮啊。

老师的眼神

张海瑞

从上幼儿园到现在，我遇到了很多老师，而记忆最深刻的是我的语文老师。

她姓郭，高高瘦瘦的，有着健康的皮肤和柔顺的黑发，最重要的是她有一双明亮深邃而又温暖的眼睛。

"张海瑞，九十八分，不错，继续努力！"听到这个让人激动的分数，我迫不及待地大步冲上讲台去拿卷子。我走到讲台旁，望着郭老师，只见她冲我投来了一个令人温暖的目光，一下子，温暖的感觉扩散在我的每一个细胞。"郭老师，我一定会再加油的！"我暗暗在心里念着。郭老师也回赠我一个温暖的微笑，给了我更多信心，那微笑就像一束温暖的阳光。

"把阅读本都拿出来！"我一听，惊慌得不知所措。因为郭老师给我们发了一本每天都要做的阅读训练书，可我爱偷懒，总是怀着侥幸心理，想把今天的作业留一些到明天去做，这样断断续续的，还剩了一大半没做。可今天，郭老师来了个突击检查，结果我被发现了。郭老师没有批评我，只是冷冷地看了我一眼，我的心忽然一紧，那眼神，让我后背发麻，如果老师骂我、批评我，我还好受些。

后来，我把以前没有完成的阅读题全部做完，交到了郭老师的办公室。她修改完发下来后，我赶紧打开一看，阅读本上有一个小小的笑脸正对着我微笑，我开心极了。

老师的眼神有时严厉，有时温柔，但她总是一心为我们着想，有着一颗真心，教我们做人，帮我们成长。郭老师，我们爱你！

可爱的外教老师

梁玉洁

一首好听的英文歌曲在教室里响起，我们听得陶醉其中——这是我们班的外籍老师正在为同学们演唱歌曲呢！

外籍老师有一个很好听的中文名字——天空。他中等身材，一头"爆炸"式发型，一双深蓝色的眼睛陷下去很深，眉毛粗浓，长长地贴在眼眶的上方。一个高高的鹰钩鼻子下面长着一张大嘴巴，嘴唇红润。他常穿一件绿色短袖，上面还印着三个白色脚印。

记得有一次，为了让我们牢记"monkey"这个单词，他像模像样地模仿起猴子来，我们被逗得前俯后仰，笑得直不起身，在轻松愉快的气氛中掌握了单词。大家纷纷夸奖天空老师讲得真棒！

你看，我的外教老师是不是很可爱啊？

身怀绝技的教练

冯琛君

　　我的跆拳道教练姓刘，他是一个看上去文文弱弱，长得像豆芽菜一样又瘦又高的人。他平时总是戴着一副黑框眼镜，一点儿也看不出他是个身怀绝技的武术教练。

　　那天，上课时，我觉得刘教练好像有点儿怪怪的，仔细观察才发现，刘教练的眼睛变蓝了。因为他的眼睛变色了，所以大家一下课就七嘴八舌地议论开了：有的说刘教练去了美国，把眼睛染成了蓝色；有的说刘教练肯定是去韩国整形了；还有的干脆说刘教练的眼睛是中了什么魔法……刘教练什么也没说，只是在旁边笑眯眯地看着我们。

　　刘教练看我们都猜不到，就告诉了我们真相。原来他今天戴了一副蓝色的隐形眼镜。没想到，平时很严肃的刘教练也爱美，也喜欢追求时尚。

　　其实，他只是一个普通的大哥哥。

老师的微笑

王　娟

老师的微笑，常常浮现在我的脑海里。

那次，班上开展背诵课文比赛。老师让同学们站起来背诵，看谁背得流利，并且没有一处错误。

我生性胆小，一听比赛，不由自主地紧张起来。就在这时，黄文婷同学第一个站起来，像流水一样，"哗哗哗哗……"一字不差地背完了。同学们不约而同地发出"啧啧"的赞叹声，连老师也翘起大拇指夸奖说："黄文婷真是好样的！"

老师又向大家望望，那目光里充满了期待。我心里更慌了，像揣了只小兔子似的。尽管我一次又一次地告诫自己："王娟，别怕，站起来，试一试！"可我还是没有这个胆量。

这时，同学们接二连三地背开了，他们个个都很流利地背完了，受到了老师的表扬。我的心都快提到嗓子眼儿了，手心也出了汗。老师看出了我的心思，向我投来了一个微笑，啊！这微笑，充满了鼓励，充满了希望，充满了信任，这微笑，给了我无穷的勇气和力量！

我"唰"地一下站了起来，凭着自己的记忆一口气背了下来。同学们的目光一下子集中到我身上，那目光里充满了惊奇与敬佩。我第一次感受到获得成功的喜悦，觉得自己是个了不起的人。

啊！老师，您的微笑使我战胜了自我，获得了成功。

我们的"麻辣"班主任

王沁红

我们的班主任胖胖的，说话幽默风趣，笑起来两眼一眯，格外和蔼。但你可别被他的外貌给骗了，他严厉起来是极为吓人的。

还记得开学第一天，第一次见到班主任时，他的脸上带着和蔼的笑容，使我们对他顿生好感。没想到，在扫视了一遍教室后，他脸上的微笑猛然收起，严厉地说："这就是你们打扫的卫生？就这么敷衍了事？"我们都吓了一大跳，气氛瞬间降到冰点，心想："这老师看着慈眉善目的，怎么说翻脸就翻脸！"

还有一次作文课，班主任正在给我们讲如何描写人物。正讲得精彩时，他发现两位同学悄悄地聊天。班主任好像没注意到似的，一边踱着步子，一边继续讲课："描写人物，一定要抓住人物的特点。我们来听听这个例文：'我们的班主任平时和蔼可亲，但只要上课铃一响，他马上就变得很严厉……一节语文课上，他发现有人在课堂上聊天，抬手便是一掌。'"讲到这里，好像配音一样，"啪"的一声，班主任抬手就拍了一下说话的那个同学的桌子，那个同学马上就明白了班主任的意思，不好意思地摸着头。班主任的这一系列动作，逗得同学们哈哈大笑。

　　这就是我的班主任老师，他时而严厉，时而风趣，深受同学们喜爱。我真幸运，能遇上这么一位"麻辣"班主任。

我的好老师

李　颖

　　她戴着一副厚厚的眼镜，看起来是那么博学，不高不矮的个子，脸上时不时地露出亲切的笑容。她的步伐看起来是那么的坚定，她是我们的朋友，可以说真心话的朋友——她就是我们的语文老师。

　　记得我初次见她是在五年级开学的第一天，那天的阳光很美，一缕缕照进教室，照在讲台上的她的身上，是那么灿烂，那么美丽。那天，跑完操的我们无精打采地趴在桌子上，个个都懒散地闭着双眼。这节是语文课，看着我们懒散的样子，老师便对我们说："怎么这么没精神呢？"我们拉长声音懒洋洋地说："累。"随后又是一阵大笑，不过声音并不大。老师看着我们，露出笑容对我们说："你们这节课要是表现好的话，我以后可能会减轻作业量哦。"这句话如雷声震醒了我们，同学们一个个挺直了腰板，仿佛一群饿狼看到了食物，那样的期待，那样的开心。课堂气氛也活跃了起来，每个人都尝试回答问题，不得不说这节课的气氛与其他课堂截然不同，她有时会亲切地叫着我们的小名，甚至常常蹦出几句方言，乐得我们拍桌大笑。

　　我们爱她，因为我们之间不像师生，更像是好朋友。

忘不了的陈老师

何雨鲜

时间像流水，我马上就要升入六年级了。回顾往事，尤其是想起您——陈老师，心中更是充满了无限的依恋和满满的不舍之情。

记得小学一年级开学的那一天，是您带着微笑把我们迎进了校门。也许时间太久了，您当时说了什么我已经记不清，但您那温柔的目光和亲切的笑容，却深深地印在了我的脑海里，记忆犹新。

日子一天天过去了。在您的教育下，我学到了很多东西，比如会唱字母歌，学会了"爱祖国，爱人民"的深刻道理。在课堂上您是老师，在课外您是我们的好朋友。就这样，我们在一起度过一个又一个学期，您的笑声陪伴我一年又一年。

记得最初的时候，我胆子小。有一次上课，您提了一个问题。同学们都争着回答，我也想回答，可是不敢举手。我只好低着头，心里不停地念叨着："陈老师，别叫我，千万别叫我。"可您偏偏叫了我。当时，同学们的目光都落在了我的身上。我慌极了，脸烧得不行，头一直不敢抬起来，结结巴巴、语无伦次地回答着问题，同学们都笑了。我把头埋得更低了，脸更红了。最后，我索性闭住了嘴巴不想再回答了，心怦怦直跳，生怕您会冲我发火。可是，没想到，您非但没有责怪我，反而用亲切的语气说："你不用害怕，回答错了也不要紧，应该大胆一点儿嘛。"您的声音还是那样平静，和以前一样。顿时，一股感激的热流传遍了我的全身。我慢慢把头抬了起来，正好看见了您那双眼睛，我鼓起勇气，流畅地回答了您的问题。您满意地笑了，仿佛在说："这不是很好吗？"

从那以后我回答问题时，您的话语就会在我耳朵旁响起，您含笑的眼睛会在我的眼前浮现，给我增添许多勇气。

我真想对您说："我忘不了您——陈老师，谢谢您的教育培养，您的真情我会永远铭记的！"

蒲公英的梦想

蒲公英的梦想

徐瑞阳

漫步在田野中，只见一丛蒲公英在风中摇曳，想挣脱束缚，寻找自由，那就去帮帮它们吧！

我轻轻拔下几根，将它的绒毛一口气吹了出去。无意间一阵风吹起，那洁白的绒毛被风托起，向上，向上，向天空飞去，像云，像霞，像海。它要飘向哪里呢？我的好奇心驱使着我向前追去，但它还是消失在天际，没有一丝留恋。我徒劳无获。站在那里，望着它消失的那片天际，思绪好像跟随它飘向远方——你是否只是漫无目的地到处飘荡，直到被一阵急雨打落，成为一个泥团？你是否只是懒散地度过一生，悠闲却毫无意义？

蒲公英准备了几乎一个春天，为那夏季遥远的漂泊整理行装。你们在百花盛开时默默启程，不争奇斗艳，不要赞美，只希望早点儿到达梦想的"新家"。

蒲公英并不是那么急切，它只想慢慢地飞，享受这沿途的风景。它不求昙花一现的万众瞩目，而是想要梦想实现时那稳稳的幸福。

沿途风光不只是蓝天白云，不只是碧水青山。暴风骤雨，是一个噩梦，狂风会把它们吹得四处飘散，与朋友分别。急雨会将它们无情地打下，与那肮脏的泥水混在一起。可是它们却从未想过放弃！

直到蒲公英决定了，在一片湿润的土地上坚定地扎下了根，不容片刻停歇，不停地生长、生长，让大地成为蒲公英的海洋。

蒲公英，我要像你一样，为了自己的梦想，不断追求，直到实现。

为 你 点 赞

杨 潇

我放学回家第一件事，就是去阳台看我的花——一盆吊兰，一朵朵可爱的小白花在轻轻摇曳着，真美！

天已入夏，气温高了起来，吊兰也疯狂地进行着光合作用，越长越旺，似乎有开花的意向。从没见过吊兰开花的我决定悉心照顾，尽快目睹一下吊兰花的芳容。

大概是乐极生悲、物极必反吧，在吊兰长得最旺盛的时候，它迎来了一场浩劫——虫害，这让一切都付之东流。

开始，虫子只有寥寥可数的几只，我以为过两天就没事了，便没有在意，可没想到害虫越发猖獗。没几天，原来优雅碧绿的叶子竟变得千疮百孔、残缺不全，叶子背面，虫子毫不吝啬地留下了它那"晶莹剔透"的虫卵。吊兰婀娜修长的叶子，死的死，黄的黄，毫无生机，像一只只断掉的手臂无力地垂着，再也抬不起来。

妈妈见了，既心疼又惋惜，在叶子上喷了强力杀虫剂。仅仅一个中午，烈日的灼烧与杀虫剂的腐蚀便让吊兰黄了叶子，蔫了下去。妈妈的耐心终于被磨光了，狠下心，剪掉了所有的叶子，无奈地叹息道："没办法啊，让它自生自灭吧！"

一个夏天悄悄走过，天气渐渐转凉。终于，在那天下午，我看到了一抹用一个夏天的奋斗换来的芬芳！花朵白白的，嫩嫩的，在风中摇曳，那样欣然。是的，它们在冲着太阳，冲着命运微笑——吊兰，用它的坚强不屈，用它的顽强拼搏，换来了现在的光彩照人！

时至今日，每每想起那几朵小花，我依然会被它的精神打动，依然想对它说："吊兰，我为你点赞！"

失败也是一种养料

吴昀泽

在我家的阳台上，种着许多盆多肉植物，红的、紫的、黄的、绿的；大的、小的；单个的、群生的……简直就是一片多肉海洋。

一个艳阳高照的中午，我发现这些多肉植物无精打采，准备给它们浇点儿水。为了让它们的叶子多吸收一点儿水分，我特意在叶子上面也浇了一些水。浇完水后，我发现它们似乎挺得更直了。我美滋滋地想：过几天，这些多肉一定会长得更健壮。于是，我踏着欢快的步子去做作业了。

一个星期后，我又跑去阳台看多肉植物，心想，它们肯定长大不少了吧？可我万万没想到，它们非但没有长大，而且叶子也不再那么饱满，黄黄的、软塌塌的，像一片片脱水的柠檬，有气无力地耷拉着脑袋。更糟糕的是，这些叶子只要用手指轻轻一碰，立即就掉了。

这令我百思不得其解，我这么精心照料它们，还给它们浇足了水，可为什么还会变成这样？我去网上寻求答案，原来是水浇在叶子上，遇到阳光比较强烈的时候，水滴成了凸面镜，吸收太阳光后就会灼伤叶子。另外，积水在叶片上的间隙，有可能会因为通风不好，造成黑腐。我用颤抖的双手拾起那一片皱巴巴的叶片，后悔地想：唉！如果早一点儿知道这些常识，那就不会出这样的意外了。

经过这次教训以后，我再也不敢在猛烈的阳光下给多肉浇水了，更不会直接浇在叶片上了。我准备了一个专门用来浇水的小水壶，如果发现泥土很干，我就沿着根部慢慢给它浇水，浇水的次数不用太多，因为多肉的叶片肥厚，富含大量水分，即使在干旱的沙漠地区，它们也能健康成长。

失败也是一种养料，这件事让我明白，只有摸索出适合的方法，植物才能健康成长！

保留生命的绿意

汪一尘

阳台上有几抹绿，望着它们，我总能感到一股暖意——一股生命的活力和一种难以言喻的舒畅感。

天竺竹，一种被称颂为生命力极强的植物，今天让我感觉分明是太脆弱了。初春时节，它竖直挺立着，娇嫩欲滴，让人佩服。可是一阵凛冽的大风吹过，那一片片代表生命的绿色就倒下了。经过好几天、好几周，甚至好几个月的努力生长，结果面临的却是死亡。面对这个花盆，我感到的是失落。

而另一种植物，却给了我一种不同的感悟。

那是一种很普通的花，普通得让我想破脑袋也想不出它叫什么。它生长在院子的角落里，并不起眼。但醒目的是，整个枝头挂满紫风铃似的小花蕾，像黑夜里的一束光亮，又像无边无际的星星，那么小，却又那么显眼。在这片黑黑的土壤里，我看到的是希望。

利用双休日的时间，我把阳台上的花木从楼上搬下来，全部放到了院子里的那一块泥土上。有位朋友惊疑地问我："你不怕烈日、暴雨摧残它们吗？"我笑而不答。我想，它们是属于这里的，我应该让它们回到自然。

蜗牛的故事

张健泉

早晨的轻风，把我从睡梦中吹醒。我迈着轻快的步伐，到小区里玩耍。

我一边贪婪地呼吸着清新的空气，一边欣赏着美丽的风景。松树上，雨露晶莹剔透，闪闪发光，松树仿佛穿上了一件银白色的纱衣。地上，梧桐树叶带着欢乐、平静，安静地躺着，形成了一块天然的地毯。

忽然，我发现嫩绿的叶子上，一只小小的蜗牛正背着重重的壳，一步一步慢慢地往上爬。我想，它可能是要吃些叶子吧。可是不然，它和我一样，也正在静静地享受这安宁的早晨。不一会儿，它又慢慢地爬走，我非常好奇地跟了过去，才知道，原来它是要去叫些同伴来，一起分享它的快乐。

看到这里，我情不自禁地自我反省起来。

平常我总是很自私，好的都自己用，坏的留给别人用，以致常会被人抱怨。而且我也不愿和别人分享我的好东西，所以大家都很讨厌我，叫我小气鬼。

我从这只蜗牛那里得到很多启示，改变了自己自私的习惯。不仅如此，我还常常给别人讲这只蜗牛的故事呢！

迷信的外婆

白　瑜

今天中午放学到家，弟弟就嚷嚷着说他眼睛疼，外婆搁下针线一看，发现弟弟的右眼已经肿了好大。

我正忙着洗菜，见外婆来到厨房，把一根红线系在饭勺的把儿上。我不解地问："外婆，您在勺把上绑红线干啥呀？"

"傻丫头，光会读书写文章，连这个也不懂。这线呀，是消灾祛病线，绑在勺把上，小路路的红眼病很快就会好的。"外婆说。吃过午饭，我给爸爸讲了这件事，爸爸笑了笑，从书柜里找了一本《健康小顾问》。"看看这个，你就明白了。"爸爸翻开书本对我说。

"怎样预防红眼病？"嘿！我心中一乐，就一字一句地看了下去。哈哈，原来红眼病是由一种病菌传染引起的，要想防治它，必须注意清洁卫生，病菌流行期，一切用具和患者隔开单用，并常用热盐水洗眼；若染上红眼病，则需吃药打针，杀灭病菌。靠红线防病治病，这不是笑话吗？于是，我捧上书，来到外婆面前，给外婆念了一遍。

外婆嘴一噘，生气地说："去去去！病菌？病菌是个啥东西？”

“外婆，您不信？咱俩打个赌吧。”

“打赌？打就打！外婆要是说错了，给你讲八个晚上的故事；你要输了，就给我唱八个晚上的歌。”外婆指着我的鼻子说。

“好，拉钩！”

谁知，一天过去了，弟弟的眼睛不但没好，反而更严重了，连外婆也被传染了。

这下子，外婆心服口服了，她解下勺把上的红线对我说：“唉——那个病菌可真厉害呀，像在我眼里撒了麦芒似的，难受死了。勺子上那红线真不争气，外婆我输了。”

我从爸爸手里接过一盒眼药水塞到外婆手里。“哎，外婆，您得给我讲故事。这回呀，您那故事篓子也得搬出来亮亮底儿了。”我忽然想起打赌那件事。

外婆一边点头，一边说：“傻丫头，那事你还没忘哩。唉——外婆的故事太老太旧了，你还是给外婆唱几支新歌换换这旧脑子吧。”

我和爸爸会心地笑了。于是，我给外婆唱起了歌。

姥姥，对不起

张宇虹

在一个下着小雨的夜里，我穿着一件单薄的上衣，趴在凉凉的窗台上——我正在和姥姥怄气。

不就是多看会儿动画片吗？我又不是天天看；不就是没写完作业吗？我一会儿写完不就好了……可是姥姥不仅强硬地关掉了电视机，还没完没了地批评我。我一赌气，跑到阳台上，好冷啊，可是我现在要是回去，会很没有面子的。

"孩子，天冷，听话，把外衣披上……"颤颤的声音，缓缓的脚步，抖动的手。正是这双千百次温暖我的手，又一次搭在我的双肩，搂紧我，慢慢的，暖暖的……不知道什么时候，姥姥来了。

"姥姥不对，不应该对你发脾气。"沉默了很久的姥姥突然说出这样的话，让我感到很惊讶——在我的记忆里，姥姥从来都不肯服输。

"那你呢，姥姥？"我懒懒地倚在姥姥的肩上，问道。

我转过头，看着姥姥。爸爸妈妈工作忙，我从小就是姥姥带大的，她为我付出了那么多，可我却一点儿都不听话，总惹她生气。为什么我总是轻易伤害我最亲爱的人呢？难道只是因为她会一次又一次地原谅我、搂紧我吗？

　　"姥姥，对不起。"我低着头，扑进了姥姥的怀抱。

奶奶的照片

江 波

　　放学回家，我无意中翻开相册，看到一张奶奶的照片。

　　那是奶奶八十大寿时在杨浦大桥上拍的纪念照。

　　奶奶上身穿一件雪白的衬衫，外面套着鲜红的羊毛衫，下身着一条深蓝色的长裤，显得既年轻又神气。

　　奶奶背后是气势宏伟的杨浦大桥。这是世界上跨度最大的一座斜拉索桥。奶奶站在桥上，桥下是上海人民的母亲河——黄浦江。江上，一片繁忙，万吨轮、驳船、木船，来往穿梭，络绎不绝。奶奶左手扶着大桥的栏杆，右手拎着一个黑色的小包，双眼眺望着远方。她看见，黄浦江两岸拔地而起的高楼大厦，郁郁葱葱的花草树木；她看见，外滩大道，南来北往的汽车川流不息，人行道上，行人摩肩接踵，热闹非凡。看着，看着，奶奶的脸上露出了微笑，笑容让她脸上的皱纹更灿烂……

　　这是奶奶生前的最后一张照片，我非常珍爱这张照片。

坚强的姥姥

程诗雨

在我们家，我最佩服的人是我的姥姥，因为她最坚强，是我的好榜样。

前些天，姥姥一直感觉肚子疼，去医院一检查，发现是患上了胆结石，需要住院治疗。我们一家人都被吓得不轻，可再看姥姥，一点儿事情没有。她天天在后院锻炼，跑步时，病痛让她难忍，但她只是皱皱眉头。当你走进病房时，你会发现其他病人的脸上会露出痛苦或者绝望的神情，但姥姥总是微笑着，她根本不把病魔放在眼里，有时打完针，姥姥还拿出纸画画呢！

过了几天，医生宣布要为姥姥做手术。我对手术最敏感，一听见这两个字就浑身打寒战。没料到，姥姥竟然一点儿也不怕，反而还说："没事，做完手术后就没事了。"几天后，手术开始了，我站在门外听见放镊子和刀片的声音，吓得我闭上眼睛。妈妈双手一合，不停祈祷着。手术室门开了，推车里躺着姥姥，我连忙跑上去问："疼吗，姥姥？""不疼，挺好的。"姥姥答道。几个星期后，姥姥健康地出院了。出院时，姥姥还为自己康复而跳舞呢。

小 插 曲

李亚凝

每个人都会有几个要好的朋友，而产生的感情便是那种温润如玉的友情。它如一条长河，流在我的心里，时而波澜起伏，又时而平缓细腻……

记得有一次，我和乐琪因为板报的布置产生了一点儿的分歧，便吵了起来。班里的同学们都知道我们两个是无话不说的好闺密，看到这个场景，同学们全以为我们只是好姐妹间的小吵嘴，便没有说什么，可谁又知道，我们就这样冷战了十多天。

十多天后，我们渐渐习惯了没有对方。可突然，又想了起来。我走到她身边，对她悄悄说了一句"对不起"便迅速跑开，害羞地回到座位上。不一会儿，乐琪向我走过来，给了我一张纸条，上面写着："我们和好吧。"也许，这就是友情的伟大力量吧！

一阵风吹过，阳光暖暖地洒了下来，回忆，又停留在了我六年级的儿童节那天……

那天，雨一直在下，却没有浇灭我与乐琪的童心。

我们一路上有说有笑，手挽着手，一起走进了商场。乐琪拉着我快步走进了电影院，我们看了一部电影，也许是触景生情吧，那不争气的眼泪又一下子流了下来。

之后，我们吃完饭，又去了一家饰品店，乐琪说要进去看看，可谁知道她却自己给我买了一个礼物，让我惊喜不已。

友情，就是一片大海，而波浪，便是小插曲。

友　情

王欣烨

　　莎士比亚曾说过："有很多良友，胜于有很多财富。"尽管我与朋友的友谊不像俞伯牙与钟子期那样百世流芳，不像刘禹锡与柳宗元那样口口相传。但每一段友情，都将成为我的一笔宝藏。

　　小学的时候我有写日记的习惯。有一次我写完日记随手将日记本放在桌子上就去吃晚饭。然而等我吃完饭回来，却发现一个男同学在与另一个同学窃窃私语，眼神还有意无意地掠过我。好朋友愤愤不平地说："他趁你不在，偷看了你的日记！"

　　我心中顿时火起，日记明明是我的隐私，怎么可以成为他人茶余饭后的笑柄！看着那四仰八叉翻开的日记本，我恼羞成怒，更后悔自己没有收拾好自己的东西。当即我便把写过日记的纸撕下，日记本上的线圈也被扯坏了，我顾不了那么多，冲向厕所，将纸撕得粉碎。

　　等我回到教室时，我竟发现桌上的狼藉消失了。不用说，肯定是好友收拾的。我向她投去一个感激的眼光，她也用微笑回应我，我心里感觉好多了。但当天晚上，她身体不舒服，便请假回家了。怀着对她的感激，我度过了一夜。

第二天，好友来得很早。等我到教室时，发现了一本笔记本，仔细一看，这不是我的日记本吗？不过装订它的不是线圈而是几根毛线。正疑惑间，好友来到我的座位，对我说："昨天我把坏掉的本子拿回家了，线圈已经坏了，我就用毛线穿过这些小孔重新装订好了，你就不要生气了。"一瞬间，我的心被各种各样复杂的情绪填满，连说出来的"谢谢你"都是颤抖的。

不止感激，还有震惊。偷看我日记的同学没来道歉，她便努力地做这些令我开心的事，如此体贴人的朋友多么难求啊！而且，她回家的时候明明身体不舒服，还要为我修日记本！想到那么小的孔，还要用毛线穿过，实在是高难度的事啊！看着好友略布血丝的眼睛，不觉间，我的泪水充盈眼眶。

友情，是不计代价和回报的，要对朋友付出真情，才能收获真心。友情，真是世界上最宝贵最奇妙的东西啊！

友 情 如 歌

应明臣

又是一个阴雨连绵的夏夜，我感叹时光的飞逝。而你的一个眼神，一个微笑，一句祝福，却早已深深地烙在我的心底。

还记得刚入小学时，你坐在第一排最左边，我在第一排最右边。虽然我们中间隔了几个座位，但你一下课，就跑到我眼前，旁若无人地大谈，还不时地给我做鬼脸。上课铃一响，你无奈地跑回自己的座位。就这样，我们在天真无邪、平平淡淡中度过了两年。

三年级，老师调座位，我和你有幸成了同桌，我们就更加熟悉了。

不记得我们从何时成为了好朋友，只记得每节上课，你总是拉我的左胳膊，生怕我又打瞌睡，注意力不集中。有一次还被老师发现，结果我俩被罚站。而你站着却似乎很高兴，后来还说，站着听讲效果好……我还记得每次考试后，你从不过问我的成绩，只是用鼓励的眼神，微笑着对我说："一次考试算不了什么，我们再努力，下次一定会考好的。"谁又能想到，其实你早已偷偷看过我低分的试卷了。也记得我们每次值日，你总是比我先到教室，早早得把地扫得干干净净。当我不好意思时，你又以我家离学校远为由，用安慰的口气叫我安心听课。渐渐的，我知道，我们友情的种子已经生根、发芽了。

直到有一天，你上课迟到了，平时爱说爱笑的你，没说一句话。课间，你告诉我，你的爸爸妈妈离婚了，你要跟妈妈去外地了。你还叮嘱我，不要忘了你，要给你写信。当时，我不知道说什么，心里一片空白，还想着等回家后，写上祝福的话，再画一幅画送给你。谁又会想到，就在那天中午，你妈妈带你离开了我们那个熟悉的校园，那个充满欢乐的教室。望着你和你妈妈远去的背影，胆小、害羞的我，也没有勇气问你们去哪儿。

转眼间，我已是一名五年级的学生了，我经常会想起我们的点点滴滴，是你让我知道了友情的真谛。我想叠一个纸飞机，写上我最深的祝福，祝你一切安好！让天上的彩云带去我轻轻的问候："同桌，我的朋友，你现在还好吗？"

我 的 爸 爸

王　涛

每个人都有一位慈爱的父亲，我也不例外。

爸爸有一对浓黑的眉毛，下面是一双炯炯有神的眼睛，它们每时每刻都在"监视"着我。爸爸经常穿着一件黑色大衣，在家里转来转去，不知在思考什么。

有一段时间，我总是看不到爸爸的身影，于是问妈妈，这才知道爸爸是为了赚钱养家，在加油站上夜班。一次，我在睡梦中隐隐约约听见爸爸和妈妈的对话。妈妈说："这个月结束就不要再上夜班了，这样下去对身体不好。"爸爸说："哎，还不是为了供养这两个孩子。"听后我的心里像打翻了五味瓶一样，我还听见姐姐在被窝里抽泣。

一天中午，爸爸刚回家，接了一个电话，转身就走。我喊了一声"爸爸"，他转过身来犹豫不决地看着我。我大喊道："爸爸，别出去了！"说完大滴大滴的泪水就从眼里流了出来。但是最后爸爸还是出去了。

我的爸爸是家里的"顶梁柱"，他拼尽全力地在支撑着我们的家。

我爱我的爸爸。

酷爱摄影的爸爸

华诗宜

　　照片能包罗万象，你可以在欣赏它的同时游遍大江南北，可以把难忘的一瞬间保留下来。摄影的魅力诱惑着老爸，因此，老爸成了一个十足的摄影迷。

　　老爸的摄影装备虽然算不上很多，但也不少了，有夏普摄影机、三星数码照相机，还有一些叫不上名的宝贝。一有空，老爸就带着他的宝贝投入大千世界。

　　老爸最喜欢拍风景照。春天，他去张家界，拍山峰；夏天，又往青海跑，拍鸟儿；秋天，又去了江西，拍天鹅；就连冬天他也不闲着，去天津。就说前几个礼拜吧，他去了一趟浙江杭州，一路上不论是杭州西湖还是杭州的乡村，他都不放过。这一拍，竟用了十多卷胶卷，冲出来一看，发现拍得还真不赖。你看，大雾弥漫的乡村早晨是那么宁静，宽广无边的田地，横卧在远处的群山，倚山而建的村落，在浓雾中依稀可见，农民驾着马车行驶在窄窄的乡间小路上。

　　每当老爸在照片堆中找到满意的作品，他就兴冲冲地到照相馆把照片放大，再做一个合适、精致的相框，然后挂在客厅或书房里。要是谁弄坏了它，老爸保证要发火。吃过晚饭后，老爸总会来到客厅，歪着头，双手抱臂，目不转睛地盯着这些作品看好半天，一副自我陶醉的样子。

老爸最欣赏的一张照片，是去年五月份在内蒙古辽阔的大草原上拍的，那可费了他好大的工夫。那天老爸为了拍照，清晨5点就起床了，这对平时喜欢睡懒觉的他来说，可不简单。他先开着车在草原上东挑西选，确定好最佳地点，然后细心地调整镜头，精心拍摄下这张照片。这张照片我也非常喜欢，早就把它原原本本地"复制"在我的脑海里：那是一个春天的早晨，绿油油的大草原，茫茫无边，绿毯铺地，牛羊成群，天真的小牧童，横坐在牛背上……碧蓝的空中，软绵绵的白云在四处飘荡，有的像马，有的像羊……

在老爸的相册中，有鄱阳湖的天鹅，有杭州的西湖，有张家界的天子峰，有青海湖鸟岛的候鸟……这些都是老爸热爱生活、酷爱摄影的真实写照。

球 迷 老 爸

洪　雨

　　我老爸是个铁杆球迷，只要有球看，买菜、做饭、接我放学之类的事情全都不会管的，简直是"两手不管家务事，一心只想看球赛"。

　　他为了看球宁愿牺牲自己的休息时间，甘当"夜猫子"。

　　去年，意大利甲级足球联赛好几场都安排在深夜直播，爸爸为了看球，又是调闹钟，又是画赛程时间表，没少折腾。你别说，这招儿还挺灵，连续三场球赛老爸都看上了，乐得他直哼小调。

　　我想，这老虎也有打盹儿的时候吧。果然，没过几天，"老虎"打盹儿了，爸爸最欣赏的尤文图斯队对帕尔马队的球赛就在那天凌晨2点播出。晚上9点，我和妈妈都睡下了，只剩下爸爸在"挑灯夜战"。我睡得正香，一阵呼噜声却把我吵醒了，起来一看，原来是爸爸躺在沙发上睡着了，还打呼噜呢！真是太好笑了。不过，老天有眼，爸爸总算看上了重播。

　　还有一次，爸爸特意换班看球赛。我和妈妈一回到家，就被爸爸的"表演"吓得目瞪口呆。只见爸爸穿着泰山队T恤，一手挥舞着国旗，一手拿着大喇叭，嘴里还不停地喊着："爱你一万年，泰山队万岁！"一看老爸这高兴样，就知道泰山队准赢了，又有好事要发生了！

果然，那天晚上，爸爸破例请我们全家去吃烧烤。

这就是快乐

刘晓亮

　　"看，儿子，这是爸爸新买的自行车。"爸爸像一个推销员一样叽里哇啦地介绍自行车的性能，我也就左耳进右耳出，听到最后，终于吐出一句："爸，你教我骑车吧。"

　　"行啊，但是学骑车难免磕磕碰碰，你行吗？""男子汉当然行。"于是爸爸将我领到一片空地，指挥道："先坐上去。"我想，这有什么难的？接着爸爸说："两只脚踩在踏板上，双手握紧把手，你试试蹬几脚。"我用脚试探性地将脚蹬往前挪了一点儿，原来骑车这么简单啊，索性用力地蹬着走了。

　　"小心！"爸爸的警告声刚从身后响起，我立马就摔了个大跟头，自己连同车子一起倒在地上，腿上被磨破了一大块皮。我站了起来，拍了拍身上的尘土，对爸爸说："我没事。"爸爸先是一脸的担心，听到以后便轻松了许多："叫你别着急，骑车要有耐心，来，我扶着你，一步步来。"我点了点头，准备重新开始。

　　"我慢慢松手了啊！"爸爸放开了手，我一下子乱了手脚，"咣当"一声，我又倒了下去……

　　火辣辣的太阳将滚烫的阳光烙在我的背上，身上的背心已经浸满汗水。一次次的跌倒并没有使我退缩。当爸爸的手慢慢拿开时，我感觉那份力量一直推动着我，并没有停。我终于成功了！我大笑着，脸上、胳膊上、腿上的伤好像一下子都好了。

　　阳光总在风雨后，只要你有一颗不放弃、努力为目标奋斗的心，成功就会离你不远！

幸福的滋味

细雨中的温情

李道然

　　雨是冷的，情是暖的。凉凉的雨打在他们的身上，却绽放出了美丽的花，射出一道暖暖的光。

　　黑暗渐渐侵袭到马路的上空，蒙蒙的雾气和着路灯黄色的光，漫天飘洒着。一颗颗"豆粒"从天而降，穿过微黄的灯光洒在地上，路旁的花儿低下了高傲的头，行人们加快脚步，各自走向不同的路。

　　穿过那条熙熙攘攘热闹的街道，我背着书包撑着伞向车站走去，身旁走过一对母子，孩子说："妈妈，我肚子饿了，想吃鸡腿……"话音未落，他的母亲就毫不犹豫地掏出钱包，给孩子买了。我看着他们，心满意足地走了。

　　远处昏黄的路灯下出现了一辆没有棚顶的破旧的三轮车，车上的油漆褪得只剩下生了锈的钢管，一根根脆弱地连接着，车上有一些发黑的编织袋。破旧的瓶子、用过的包装袋林林总总地堆在车上，车斗里还坐着一位七十出头的老人，而骑车的竟是一个还不到十岁的小男孩儿！我不敢相信这是真的，眨了眨眼睛，看到了眼前的画面：的确，男孩儿骑着三轮车载着老人，他的脚很用力地蹬着，在拐弯的地方，车子不听使唤停在原地一动不动。男孩儿很着急，依旧咬着嘴唇，用尽全力踩着踏板。雨点一滴滴地打在了他和老人的头发上、肩上……男孩儿不停地回头望着老人，还喃喃地说着什么，只看见老人摇了摇头。过了一会儿，男孩儿下车拿起一个大编织袋盖在老人的头上，细心地为老人遮住身体，然后飞快地上车，用力地蹬着车子……他的全身已经湿透，可他却浑然不觉。

看着他们，我的世界仿佛都静止了，直到男孩儿终于将车子骑上坡，一切又开始重新运行……

我看到男孩儿笑了，那笑容像春天刚刚从土里钻出的小草，是那么天真，那么灿烂。细细的雨点打在他们身上，绽放出一朵冬天里美丽的红梅，那样耀眼，那样迷人。老人又将编织袋盖到男孩儿头顶，两个人的身影渐渐地消失在了下一盏昏黄的路灯里……

雨中交响曲

涂继琛

沙沙沙，沙沙沙，空中刮起了一阵风，树叶被吹得轻摇起来，乌云也慢慢地跑了过来。天，怕是快要下雨了吧。

风，慢慢地刮大了，呼呼呼，呼呼呼，树上的叶子猛烈地摇晃起来，路上的行人也纷纷抬头，一看天上乌云密布，他们吵嚷着，便要跑回家躲雨。天渐渐暗了下来，只有几只鸟从树上飞了下来，叽叽喳喳地催促着同伴赶紧回巢。

轰隆隆，一道闪电从天空中劈下来，吓了我一大跳。风刮得更猛了，呼呼呼，呼呼呼，仿佛整棵大树都在颤抖，风越刮越大，呼呼呼，呼呼呼。突然的，世界静了下来，风，一瞬间不吹了，整个世界都陷入死一般的沉寂。我知道，这就是大雨爆发前的征兆。

又很突然的，"哗——"终于爆发了，像一个人积累了很久的怨恨，都发泄出来了一般。雨下得很大，好大的雨点从天空中跌落，使劲地砸在地上、窗棂上、树上、草上，像一首摇滚乐。

我禁不住大雨的诱惑，冲出家门，奔向雨的世界。我在雨里奔跑着、跳跃着，每遇到一个水坑，我都会并拢双脚使劲地踏进去，溅出来的雨花，弄湿了我的裤腿，还有的竟然溅到了我的脸上，但这让我更加兴奋，乐此不疲。每当我双脚踏进雨坑，它便会发出"啪"的声响，异常清脆。这声响，像在为雨的摇滚乐打着节拍，变得更好听了。

渐渐的，雨小了，雨滴滴落在树叶上的响声也轻柔了许多，慢慢地，声音也从摇滚乐变成了优美的小夜曲。雨蒙蒙地下着，像细细密密的银丝从天上垂下来。雨雾笼罩着大地，像给世界蒙上了一层神秘的面纱。

我不想阻止它们的造访，也无法阻止它们的进入，由它们去吧。让这世界上的千万种声音融为一体，让我也变成雨的一部分，让自己湿润的同时，也湿润世界。

双 人 床

张焓琳

我一直不喜欢我的双人床。

它好旧噢！在我两三岁时，我就睡在这张床上了。当时我们家还挤在一个十几平方的小屋子里，我和爸爸妈妈都睡在上面。后来搬了家，家里变得很大，又添置了两张新床，这旧床就归我所有了。它的年龄几乎和我一样大，也许是年份有些久了，它总是咯吱咯吱地响，听起来真讨厌。它又那么大，躺在床上，总觉得空荡荡的。

终于，爸爸说，要把双人床换掉，换成那种我梦寐以求的上下床。于是我特别热心地去寻找，最后终于选定，下了订单。新床来了我家，爸爸商量着要把旧床搬回乡下去，他把双人床一块块地拆卸，摞在门外。

我看着我的双人床，忽然有些舍不得它了。它真可爱啊，它陪了我十多年，床头还有我小时候贴上去的贴纸。它看着我长大，见证了我们家的变迁。它忠心耿耿地为我们家服务，等到它不中用时，它的主人却要把它抛弃了。它被分解的木架子好像在哀哀地抽泣，可怜的旧床，它真不幸啊！

双人床最终被运到乡下去了，它就这样离开了我的生活，慢慢的，我对童年的联系和追忆也随着掐断了。我想它被关在阴暗的仓库里，只能在灰尘里哀叹自己的命运。尽管它又大又旧又难看，但我突然对它产生了说不清的愧疚和不舍。

现在，我躺在新床上。新床有上下两层，很高大，很结实，连木材都是雪白的。可是，我再也寻不到那份给予我的朴实的温暖，和那些甜蜜的梦。

幸福的滋味

王冰冰

幸福很简单，幸福也许就是父母给你端上的一杯热牛奶，也许是考试失利时老师向你投来一束激励的目光……幸福很高贵，但幸福也很平凡，幸福有着各种滋味。

上了初中后，每天，妈妈总是起得很早。

天还没有亮，灰蒙蒙的。那时，我正在熟睡，妈妈就悄无声息地起床了，打开了客厅的灯。

我伸了一下懒腰，极不情愿地起了床。再将目光投向书桌上，我的作业整齐地摆在那里。显然，妈妈已经检查过我的作业了，我望了一下钟表，才6点钟而已。

我轻轻地推开门，慢慢地走出去。妈妈惊讶地望着我："今天怎么起这么早呀，快去再睡一会儿，不然学习就没有精神了。"我说："妈妈，您也要多休息一会儿啊，每天都起这么早，不累吗？"妈妈听了我这番话，很是欣慰地说："我不累。"

望着妈妈费力地为我洗衣服，我问："妈妈，家里不是有洗衣机吗，干吗还要用手洗啊？"

妈妈笑了："洗衣机能有我洗得干净吗？你看你，平时不注意卫生，这么脏，我只好手洗啊。"

我不再说什么，默默地离开了。只是回头看时，我看见妈妈弯下腰轻轻地为自己捶背。我突然发现她的额头上有几滴水珠，那大概是汗水吧！妈妈似乎也发觉了，顺手擦了一下，然后继续在搓衣板上来回地搓着。

已经6点半了，这时，母亲叫喊着："面好了，快来吃面。妈妈特意为你煎了两个荷包蛋，还热了杯牛奶，你快吃。"

这时，我的鼻子感到一点点酸楚。对于我来说，幸福是甜的。

幸福是什么

殷鹏筱

幸福是什么？有人曾经这样问。那么答案又是什么呢？

我独自坐在窗边，看着外面的大树，好大，好高。天边不时会出现一丝残阳，我的心情格外舒服。我就像一位哲学家，看着窗外，思考人生。突然，妈妈的叫喊声，把我从哲学家带回了稚嫩的小女孩儿。"吃饭了！"妈妈的叫声从来都是这样大。

到了餐桌边，看到了许多好吃的，我连手都没洗就开始大吃特吃了。我很快就被妈妈逮去洗手了。洗完后，我马上又回去狼吞虎咽起来。"嗝"的一声，我打了个饱嗝，把爸爸妈妈都给逗笑了，连自己也忍俊不禁。坐在椅子上，我想起老师布置的作业，幸福是什么？我问爸爸妈妈，爸爸说："现在你幸福吗？"我想了一会儿，"我幸福啊！"稚嫩的声音从我嘴里说出。"对啊，这就是你的答案！"爸爸看着我说。我左思右想，也搞不懂爸爸说的什么。妈妈说："只要有爱就是幸福。"我彻底不懂了。

时光飞逝，我长大了，也明白了爸爸妈妈当时所说的话。只要有家的地方就是幸福，而爱，就在家里。童年时和爸爸妈妈的欢声笑语，就是幸福。

幸福不只是体现在家里，大千世界到处都有幸福。

幸福是生病时妈妈递的一杯水，幸福是遇到挫折时别人的一声安慰，幸福是冬日的阳光照在脸上，幸福是……

幸福时刻在我们身边，一直伴随着你，或许你不曾在意，但它就像影子似的，跟着你，也像一位天使只有在你快乐或遇到困难时，它才会出现。

就像我和爸爸妈妈一起吃饭，因为我打嗝，全家都笑了，这时温暖快乐的笑容洋溢在我们的脸上。

这就是幸福。

绿 宝 石

苏勃瑞

　　我家养着一只小猫，毛发是由黄和白这两种颜色组成的，它有闪亮的眼睛、尖尖的耳朵、长长的尾巴和毛茸茸的身体，十分可爱。

　　最有意思的是它的眼睛，在夜里一闪一闪的，像两颗闪闪发光的绿宝石，有趣极了。

　　记得有一次，已经很晚了，我家的小猫才回到家。它跑到我身边，肚子里"咕噜噜"地叫，一定是饿坏了。我跑进厨房，拿了一根火腿肠给它吃。出来时，却被两个绿东西吓了一大跳，仔细一看，才发现那是小猫的眼睛。我把火腿肠放在地上，它赶忙过去，抓住火腿肠，先用爪子碰一碰，看有没有危险，之后一点儿一点儿地把火腿肠吃了。吃完后，又用祈求的眼神看着我，好像在说："再给我一根吧！"出于无奈，我只好再给它拿了一根。这一次，它没有像上次那样小心，而是三下五除二地解决了，随后又走到我旁边，用头蹭了蹭我的脚。过了一会儿，就回到它的安乐窝去睡觉了。

　　这就是我家的小猫，我喜欢我的小猫！

蜗　牛

马一诺

没有手，没有脚，长着一对小触角，背着一个笨重的房子——它就是蜗牛。

有一天早上，我在小院里玩耍。忽然，我在花坛的叶丛中发现了一只蜗牛。

它的壳圆圆的，像一个扁扁的足球，一对触角像两根天线，晃来晃去接收着信号。它爬得非常慢，像一个背着行囊的旅行家，又像一个参加马拉松比赛的选手，慢慢地、缓缓地往前走，坚持不懈地向着终点爬去。

我慢慢地逼近了叶丛，迅速用手把蜗牛捉来，正想仔细看看它的样子。突然，它一下子把身子缩进了壳中，然后一动不动，好像是怕自己被吃掉一样。不管我怎么摸它、叫它，它都不肯再出来。

啊！我爱这蜗牛，它实在是太可爱啦！

帮 倒 忙

邓朵朵

今天是星期天，爸爸妈妈去商场买衣服，我决定抓住这个机会锻炼一下自己，我该干些什么呢？

我来到厨房，看到早上吃完饭的碗筷还堆在那里，脏兮兮的。我决定先洗碗，我学着平时妈妈的样子，把洗洁精挤到洗碗布上，搓起了很多泡沫，然后拿起盘子，使劲擦起来。"啪！"盘子摔在地上打碎了，这可不怪我，是盘子太滑了！我又拿起一个碗，"啪！"又摔了个稀巴烂。吓得我赶紧从厨房跑了出来，洗碗真不是那么容易呀。

真倒霉，我还是去打扫自己的房间吧。早上我忘叠被子了，床上有两条被子，一条给我盖，另一条给我的小熊布娃娃盖。被子叠好了。我想试试我的"大力神功"，一次把两条被子叠在一起，放入柜子里。呀！我的"大力神功"似乎也发挥不了作用了，柜子里其他的被子也被我压倒弄乱了，好几条厚厚的被子掉了出来。我实在没力气把这么多被子再放回去，也懒得收拾，那就让它们掉在地上，等着妈妈回来收拾吧。

我要去打扫卫生间，这下一定要小心点儿，可别再帮倒忙了。我先去摆放牙刷，牙刷摆放好之后，又去刷马桶，我左刷刷，右刷刷，并且嘴里还念着口号。虽然我越刷越开心，但是也把水花弄得飞了起来。水像小河一样在地上流淌，我却看都不看一眼，直接走了出去。

我想，我真是什么都干不了，我还是干点儿自己最擅长的——去找小伙伴玩吧，于是，我迈着轻盈的步伐，下楼去玩耍了。

不久，爸爸妈妈回来了，看到家里这副模样，还以为家里进来坏人了呢。妈妈问我："朵朵，家里怎么乱成这样啊？"我假装难过地说："对不起，我只是想帮你们打扫一下家而已，不过……不过越打扫越乱。""哈哈，朵朵想干活是对的，不过应该干力所能及的活，不要再给爸爸妈妈帮倒忙了。"爸爸妈妈异口同声地说，调皮的我开心地笑了。

小　帮　手

王一齐

今天是星期天，爸爸妈妈不在家，我决定抓住这个机会，帮妈妈打扫卫生。

于是，我准备从打扫自己的房间开始。我把散落在地上的玩具捡起来，放进箱子里。然后又将脏兮兮的衣服放进洗衣机里，把干净的衣服叠起来放进衣柜里。接着，我又把书柜里的书拿出来，把书柜擦干净，将大大小小的书按顺序摆放整齐。最后，我把所有的废纸全部扔进了垃圾桶里。当我正准备走出房门的时候，看到地上灰尘比较多，又用拖把将房间拖了一遍。终于，房间被我打扫干净了。

晚上，妈妈回到家，看到被我打扫得干干净净的房间，她开心地笑着对我说："我的孩子长大了，知道妈妈很辛苦，懂得关心妈妈了。"

"妈妈，我虽然长大了，但是，还总是一直缠着您，我以后会改的，相信我吧。"我开心地说道。

晚上，当我躺在床上时，脑海中不断回想起今天发生的事情，我很满意自己今天的行为，心里十分高兴。我决定以后要做爸爸妈妈称职的小帮手。

爸爸妈妈笑了

黑晨曦

今天是星期天，爸爸妈妈不在家。我正在沙发上坐着看电视，突然想到爸爸妈妈回来如果发现家里脏兮兮的，肯定会打扫。为了减轻他们的负担，我开始打扫起来。

走进我的房间，我看到床上堆着一些没洗过的衣服，就拿盆子把它们都装了进去，端到卫生间，放在地上。"哗哗哗……"一阵水流声响起来，像美妙的音乐。

我拿起洗衣液，一按，掉地上了。我赶紧拿起拖把拖地，再把水龙头打开，把拖把洗干净之后放在了地上。"唰唰唰……"我快速地洗完了衣服，进了爸爸妈妈的房间。

我看到地上有些脏，便拿起扫帚开始扫地，把纸团扫进了垃圾桶里。接下来我拿起拖把，把地板给拖干净了，累得我满头大汗。扑到床上刚要休息一会儿，突然发现有几件衣服还乱糟糟地摆在那里。我又叠起衣服来，叠得非常整齐。

家里终于打扫完了，这时，我听到钥匙开门的声音，一定是爸爸妈妈回来了。我赶忙跑回自己的房间，假装在床上睡觉。爸爸妈妈进门了，我隐隐约约地听到他们笑了，那笑声里，都是幸福的味道。

妈 妈 的 爱

梁琪琪

从小到大我被感动过很多次，有因受别人恩惠而感动，有因受别人帮助而感动，却从未因母亲那深深的爱而感动。而那一次，我真的很感动。

记得我刚转学，尽管处处都很陌生，但令我温馨的是有妈妈陪在我身边。去宿舍的时候，妈妈攀上爬下地帮我铺床，我站在一旁，一边生气一边埋怨地说："这宿舍多潮呀，墙上还掉脏东西，我的被子不脏才怪。"这时候，再回头看看正在铺床的妈妈已经没影了。顿时，我感到一丝后悔，心里想："妈妈一定是生气了，她回家了，竟然回家了……"

当我正坐在床铺发呆的时候，一回头，看见了满头大汗的妈妈，手里捧着一大堆物品，气喘吁吁地说："这里都是些隔潮隔脏的东西。"原来妈妈是跑去超市给我买需要的东西。

我接过妈妈手中的东西，然后抱着妈妈大哭起来……

我想成为小鸟

王瑞娟

亲爱的妈妈，我有好多话想对您说，可又不知道从何说起。

蓝天是那么晴朗，小鸟在欢快地唱着歌，柳枝跟随微风翩翩起舞，我垂头丧气地走在回家的路上，一想到多如山的作业和妈妈可怕的苦瓜脸，身体不禁打了个哆嗦。妈妈，我想对您说："给我多一点儿自由吧！"

每天放学回家，我就飞快地开始写作业，手麻了、眼困了、胳膊酸了，可看看书桌上还有那么多的作业没完成，我的心里又气愤又烦躁。突然，我听到一声大喊："快来吃饭！"原来是您做好饭了。我来到餐桌前，狼吞虎咽地吃了起来，这时您说："要多吃菜，不能挑食，不然会长不高的。"您就像一个复读机，整天唠叨个没完没了，写作业唠叨也就算了，可是您连吃饭的时候都不让我清净一会儿，都快把我烦死了。

我知道您这么做是为我好，可是，我有我自己的目标，我会努力完成它。所以，妈妈，给我点儿自由吧！我想当一只快乐的小鸟。

给母亲大人的一封信

闫津旭

亲爱的妈妈：

您好！

今天我想写一封信给您，有些话我不好意思说出口，所以我就想到了写信这个最简单的方法来诉说我的痛楚。

我第一个要说的是您的口头禅。无论说什么您都会说："知道了没有？"

每天准备去上学，您总会一直不停地唠叨："书写要整齐，知道了没有？""上课时要认真听讲，知道了没有？""放学后早点儿回家，知道了没有？"……面对这种情况，我只能连忙点头答应。

老妈，我不再是个小孩子了，我也不是一个爱哭爱闹的小朋友了，现在我已经是一个堂堂正正的男子汉了。我经常在数学课上举手发言，上课也在认真听讲，每天作业也能按时完成。

第二，请不要约束我的自由。

每次回家吃完饭，您不给我休息时间，反而说："快去写完作业才能休息。""可是我的作业写完了啊！""那……那也不行，我给你买了那么多学习资料你做了吗？快去写。"我只好低着头乖乖地去写习题，写完已经10点多了，我对您说："这下我能玩一会儿了吧？我需要休息。"可您却回答："睡觉就是最好的休息。"我只能乖乖地去睡觉。

　　妈妈，我知道您做的一切都是为了我好，但请尊重一下我的选择，我也需要我的自由空间。

您的儿子：津旭

爸 爸 的 笑

孙嘉乾

　　我的爸爸很爱笑，他好像从来都没有什么烦心事。可是，最近一段时间，爸爸脸上的笑容少了很多，这是因为我的数学成绩怎么都上不去。我很内疚，我想：我一定要想办法提高数学成绩，让笑容重新回到爸爸脸上。

　　我向老师请教，老师告诉我，想提高数学成绩，其实很简单。数学题要多算、多写、多练，见识的题型要广。见的题型多了，练习多了，自然就熟能生巧，数学成绩就可以提高。

　　于是，我用零花钱买了一本数学练习题，课余时间都在做题。开始，我做一页数学题要两三个小时，而且错的很多。但是我并不气馁，更加刻苦了。一个多月之后，我做一页数学题十分钟都不到就做完了，而且最多也就错几道。

　　我开始期待下一次的考试，我一定要让数学成绩有所提高，让爸爸重新笑起来。

　　几天后，老师宣布，学校要期中考试了。检验我的时候到了！

　　开始考试了，我静下心来认真地算，认真地写。开始，题都比较容易，写到背面时，我发现题很难！但是，这些题我全都见过，并且做过了无数次。这正应验了老师告诉我的学好数学的秘诀：见识的题面广，就可以熟能生巧。我像是一位久经沙场的将军，在考场上奋勇抗战。答完试卷，居然还有很多时间，我仔仔细细地检查了两遍，确保万无一失。

第二天，试卷发下来了，我看到了理想的分数：一百分。

我迫不及待地回到家，把试卷递给爸爸——爸爸的脸上又露出了灿烂的笑容。

爸爸的眼睛

贾邴尧

　　我的爸爸有一双炯炯有神的眼睛，他时常注视着我，给我力量。

　　爸爸的眼睛让我感到勇敢。

　　上次我和同学一起学习骑车，我摔了好几跤，疼得眼泪直掉。爸爸跑过来，温柔地看着我，问我："痛吗？"我说："不痛。"爸爸鼓励我说："不痛就加油，爸爸相信你！"看着爸爸的眼睛，我又有了动力，爬起来继续坚持，终于学会了骑车。

　　爸爸的眼睛，让我感到自信。

　　一次作文考试，我获奖了，作文题目是《父爱，父爱，多么伟大》。老师让我到讲台上给大家朗读。胆小的我站在台上，一句话都不敢说。忽然，我好像看见爸爸在窗外，他的眼神里充满了浓浓的爱，我顿时充满了信心，爸爸的眼睛给了我自信。

　　爸爸的眼睛，让我学会了坚强。

　　有一次，我和爸爸妈妈去爬山。我爬到半山腰觉得太累了，不想爬了，就要赖坐在路边不走。这时，爸爸走到我身边，拉着我的手，眼神中充满了期待。爸爸说："爬山其实就像人生，累的时候可以适当休息一下，但是不应该放弃，要坚持走下去！我相信你一定能坚持到底。"爸爸的鼓励，使我有了力量，连续爬了二十分钟后我终于爬上了山顶。

我爱我的好爸爸。

爸 爸 的 手

孙起杭

在我的记忆中，爸爸的手是大大的、粗糙的，这双手包含着爸爸对我的爱。

小时候，有一次我和爸爸在大街上走着，突然我被一块大石头绊倒了，打了一个趔趄，趴在了地上，腿被地上的碎玻璃划开了一个口子，流了好多血。我大声哭了起来，爸爸看到后，用他的大手一下子把我拉起来，背到了背上，向医院跑去。在路上，爸爸强壮的手也疲倦了，冒出了许多的汗，跑的速度也慢了。这时，不知爸爸哪儿来的劲儿，又使劲把我往上一背，咬牙坚持小跑着，终于到了医院。在医生给我消毒时，我看见在一旁站着的爸爸，两只手紧张地相互搓着，气喘吁吁地问医生有关我的情况，我默默地流下了眼泪。

还有一次，学校召开运动会，我在赛跑中不小心滑了一下，重重地摔在了地上。爸爸赶紧跑过来，用粗大的手把我拉了起来，对我说："孩子，不要灰心，继续跑，爸爸相信你！"说着推了我一把，我不知哪儿来的力气，飞快地跑去，坚持跑到了终点！是爸爸给了我力量。

一次语文考试，当试卷发下来时，本来信心满满的我惊呆了。"88"，一个血红色惨不忍睹的数字出现在眼前，这是我考得最差的一次。我走在回家的路上，心里闷闷不乐，想着爸爸看到我试卷时愤怒的表情，内心忐忑不安。回家时，爸爸看见我闷闷不乐的样子，问我："怎么啦？有心事吗？"我把卷子给了爸爸，原以为爸爸会大发雷霆，可是爸爸看着卷子却给我细细讲解。之后他又用他那粗壮的手拍在了我的肩膀上，对我说："没事，下次努力，我相信你会考好的！"爸爸的手，给了我鼓励。

　　爸爸的手，陪伴着我长大，留在我记忆的最深处。

她改变了我

崔大雷

班主任张老师正讲得起劲，我懒洋洋地趴在桌上，想找点儿事做做。

前桌的女同学，长长的头发，用一根红绸带梳了一条"马尾巴"，回答完问题后，"马尾巴"一甩，神气地坐了下来，接着又是老师的表扬。哼，臭美！

"马尾巴"慢慢地垂下来了，再低一点儿，再低一点儿……好，我摸出剪刀，一根又一根的头发梢落在我的桌上，她毫无察觉。我偷偷地笑着，剪着……同桌用手肘轻轻地碰了我一下，我连忙收起剪刀，张老师的目光扫了过来，我马上装出一副专心听讲的样子。

张老师转过身去黑板上写字了，我揪住"马尾巴"的一根头发，起劲往下一拉，"马尾巴"身子一颤，转过身来，狠狠地瞪了我一眼。等她一转身，我又揪了一根……

"哎哟！"一声娇叫。

"怎么了？"张老师关切地走到"马尾巴"面前。

我的心怦怦直跳，张老师对她这个尖子生向来很偏爱，这回我又得挨训了。更糟的是，如果告到我爸爸那儿，我可免不了吃一顿"炒饭"。

"我，我的背不小心撞在桌角上，撞痛了！""马尾巴"红着脸支支吾吾地说。

教室里响起了吃吃的轻笑声，"马尾巴"脸更红了，委屈地低下了头。

放学了，我鼓起勇气追上去，第一次叫她的名字："春燕，我……我以后再也不会扯你头发了……"

"小雷，扯头发的事不用说了。以后上课专心一点儿，好吗？"

这话她不知说了多少次，我觉得这一次她说得特别受听。她的"马尾巴"一甩一甩的，又向前走去，我突然发觉这"马尾巴"是多么漂亮啊！

我们班的三个"活宝"

史　娟

　　我班有三个"活宝",说起他们的故事,三天三夜都讲不完。

　　阿超,体形庞大,可偏偏长了一对小小的时而显出狡猾的眼睛。叫他"超"的原因当然不单是因为他叫孟超,而是他超乎寻常的古怪(主要表现在考试前后)。每次老师夹着考卷走进教室时,阿超就会用力瞪圆小眼,嘴里念念有词:"老天爷,保佑我呀!"成绩下来了,如获得了优异,阿超就会不屑一顾地冷笑两声:"哼,小意思!"没有考好时,他时而沮丧地走来走去,时而大声号叫,不知道的人还以为我班来了一匹"北方的狼"呢!

　　刘洋是我们班上的"班草"。他酷爱篮球,可个子太矮,尽管削尖了脑袋要加入校球队,但次次都被教练赶出场外。他却总不死心,扬言要打动教练那颗铁石之心。结果被教练揪住,"责令"他这个"童话里的小矮人"快快长高。不过,教练还真接纳了他。从此,球场上就多了他的身影。哦,忘了告诉你了,叫他"班草",可不是因为他长得帅,而是他爱耍酷。他口袋里总装着小梳子、小镜子。他喜欢用水把头发打湿,用梳子梳呀梳,然后把一撮头发向后一甩，举着镜子，眯着眼自我陶醉一番。每当这个秘密被老师发现并没收了他的"作案"工具时，他就会得意地从身后拿出另一面镜子，另一把梳子，说："哈哈，还有备份！"

至于"君子"嘛，一副傻样，却总把古诗文背得滚瓜烂熟，不得不叫人瞠目结舌。他有一句口头禅："君子成人之美。"所以同学们有大事小事都找他，他倒也不推辞，热情相助，最后当然不忘说一遍自己的口头禅。可是最近，他心情不好，大概是想家了，也就不主动帮助大家了。或许就是为了这，他竟落了个"伪君子"的称号。

这就是我班的三个"活宝"。

我们班的四大美女

黄雅莉

提起我们班，有趣的事特多，最著名的要算班里的四大美女了。别着急，我一个一个从头说起。

范珊娜是四位中最厉害的一个，长着一张圆圆的脸，一双大大的眼睛，不太高的鼻子，张嘴一笑，就露出两个浅浅的酒窝，再戴上一副眼镜，那可是十足的"小博士"样。她的爱好是书法，她写的毛笔字可是学校里数一数二的，她的杰作还上过学校的宣传栏呢！她的作文水平也非常高，曾多次在全国、省市作文比赛中获奖。她还是老师身旁的得力助手呢！理所当然，她的学习也不错，多难的题，一到她手里，立刻就变得简单了。为此，我们给她起了个外号"万事通"。她性格开朗，无论什么事，她都高高兴兴，而且以助人为乐，是班里的名人呢！

"求求你了，让我也玩玩吧！"哎，这不是朱琳的声音吗？她呀，长着一双浓眉大眼，留着一头短发，让人越看越爱。她一张口，净说好话，连死马都能说活了。她的优点是舞蹈跳得好，班里每次跳舞都少不了她。她还热爱劳动，可就是学习不太好，次次都考七十多分，真让人替她感到惋惜。

"雅莉！"有人叫我。我回头一看，没有人呀！一定是马慧，她最爱捉弄人了。说起这马慧呀，模样跟范珊娜差不多，却长着一米六五的个儿，站在同学们中间好像"鹤立鸡群"。她热心帮助集体，学习也不错。同学们对她可是百分之百的满意啊！

　　"雅莉，写什么呢？"原来是王璐，我故意收起一脸的高兴，严肃地说："写你呢！""真的？那你可要写写我的优点哟！比如爱劳动、爱学习、关心集体什么的！"说完笑着跑开了。让我写优点，我偏写缺点！但其实王璐这个人还真不错，也算是位平平凡凡的好人吧！

　　我们班的四大美女怎么样啊？

不爱刷牙的妹妹

霍田田

早晨起床，妈妈让我带着妹妹去洗脸刷牙。唉，怎么又把这么重大的任务交给我？

"我的牙刷太硬了！牙膏的味道太难闻了！"这不，刚洗完脸，妹妹就开始耍赖，不想刷牙。她仰起圆圆的脸蛋儿，瞪大乌黑的双眼，抿紧粉红色的小嘴，一脸委屈相，使劲摇摆着我的手说："姐姐，我不想刷嘛，不想刷嘛！"她一溜烟跑到自己的书桌旁，对我说："姐姐，我要写作业了，写完再刷牙，可以吗？""不行，先刷牙再写作业。"我严肃地盯着妹妹，她的泪水像一粒一粒的珍珠似的顺着她的脸颊往下掉。

我一本正经地说："不行，必须刷牙！"妹妹带着满脸的泪花跑去找妈妈："妈妈，姐姐欺负我！"忙着准备早餐的妈妈也不听我解释，直接就埋怨我："怎么又欺负妹妹！"我转头看妹妹，她却在妈妈身后偷笑，一脸得意的样子。

"我没欺负她，是她不想刷牙，假装哭的。"我向妈妈告密。还是妈妈威力大，只听她大吼一声："刷牙去！"妹妹就跑到卫生间刷牙去了。妹妹走到洗手池旁，接了一牙缸水，拿起自己的牙刷，喝一口水，"咕嘟咕嘟"，牙刷在嘴唇边沾了沾，就把水吐了。然后她昂首挺胸地从卫生间走出来，轻松地说："我刷完了，姐姐。"

这就是我的妹妹，真让人没办法！

我眼中的弟弟

刘怡蕊

我眼中的弟弟，他是一个活泼开朗的小男生。

他长着一头乌黑的短发，眉毛像毛线一样细，脸像一个熟透了的水蜜桃，圆圆的，耳朵软软的像一团棉花。

他每次生气的时候，嘴巴抿着发出"咯吱咯吱"的声音；开心的时候嘴大得可以吃下一头大象，眼睛小得眯成了一条缝。

弟弟过生日的时候，最搞笑的动作就是吹蜡烛了，他总是撅着嘴巴用力吹，鼓起的小脸蛋儿像一个打足气的皮球，费了好大力气，蜡烛终于灭了。吃蛋糕时，弟弟用两只手直接上去抓，径直往嘴里送，真像一只饥饿的狼遇到了温顺的小羊一样，不一会儿，嘴巴上鼻子上全都是奶油，逗得大家哈哈大笑。

这就是我眼中的弟弟，一个活泼可爱的弟弟，我爱我的弟弟。

我的小伙伴

赵俊午

　　我和弟弟是一对双胞胎。我们从小是一起长大的，也是一起玩大的。

　　我们两个有很大的不同。我特别胖，脸蛋儿上的肉都鼓出来了，下巴上还有一块多余的赘肉。由于肥胖，我穿的衣服都是大码的。我的弟弟呢，特别瘦小，他有一双小小的眼睛，像两粒葡萄。每次我跟他说话的时候，离远一点点就看不到他的眼睛在眨。

　　我的弟弟不但个子小，胆子也很小。记得有一回，我和弟弟打球。我打了一个飞球，球像一颗子弹一样飞向了弟弟，把他吓得摔了一跤。

　　虽然弟弟胆子小，但是他很崇拜我。有一回，我们比赛跑步。我们先定了一个点当作终点。比赛一开始，他就像一只兔子拼力跑向了终点，可惜，我早就到了。他问我："你怎么跑得那么快啊！"我说："我和高手比跑步，是不顾一切地跑的；和你比，我才用了一半的力量来跑的。"我弟弟惊讶到："啊，才用了一半的力？佩服！佩服！"

　　我和弟弟还有不同点呢！我喜欢安静地坐在那里看书，而弟弟却非常好动。有一回，我正在看书，弟弟跑过来对我说："哥，陪我玩，陪我玩！"我说："天天就知道玩，没听过'读书破万卷，下笔如有神'这句话吗？"弟弟说："没听过，但是你不陪我玩的话，我就告诉妈妈，说你不陪我玩！"我说："好，好，好，我陪你玩！"……

　　这就是我的弟弟，也是我的小伙伴，一个淘气的小伙伴。